Gutes im Glas

LEANDRA GRAF

Gutes im Glas

fermentiert & eingelegt

Leandra Graf betreute als Journalistin das Ressort «Essen & Trinken» unter anderem bei «annabelle» und bei der «Schweizer Familie», stets mit dem Fokus auf Menschen, die mit Herzblut im Bereich Lebensmittel und Gastronomie arbeiten. Vom Bauern über die Metzgerin, den Bäcker, den Winzer bis zur Köchin: Sie schaute Prominenten in die Kochtöpfe und arbeitete an Kochbüchern mit, zum Beispiel über Marianne Kaltenbach. Für das LandLiebe-Buch «Konfi» porträtierte Leandra Graf regionale, traditionsbewusste Früchte- und Beerenproduzenten des Fricktaler Konfikönigs Markus Kunz.

Impressum

LandLiebe-Edition
© 2023 Ringier Axel Springer Schweiz AG, Zürich
Alle Rechte vorbehalten
www.landliebe.ch

Herausgeber: Schweizer LandLiebe
Lektorat: Andina Schubiger, St. Gallen
Buchgestaltung und Satz: Bruno Bolliger, Gudo
Fotos: veronikastuder.art
Buchherstellung: Bruno Bächtold
Gedruckt in der EU

ISBN 978-3-906869-41-4

Inhalt

11 *Vorwort* Ein Handwerk, das bleibt
17 *Einleitung* Kleiner Einführungskurs

29 **Wissenswerte Grundlagen**
31 Einlegen in Essig
37 Fermentieren
51 Wichtige Utensilien

53 **Reportage**
55 Wie Gutes ins Glas kommt

75 **Rezepte**
76 Klassisches Sauerkraut mit Rüebli
78 Sauerkraut Asian Style
80 Eingelegter Kohl mit Randen (Peljustka)
82 Eingelegte Randen mit Honig (Torshi)
84 Kimchi
86 Nabak Kimchi
88 Leicht fermentierter Krautsalat (Curtido)
90 Eingelegte Rüebli (Zanahorias en escabeche)
92 Rüebli-Kimchi (Tanggun)

94 Rüebli-Pickles mit Thymian und Whisky
 96 Fermentierte Rüebli marokkanische Art
 98 Fermentierte Rüebli mit frischen Kräutern
100 Eingelegte rote Zwiebeln
102 Rotes Sauerkraut mit Apfel
104 Knoblauch in Honig
106 Marokkanische Salzzitronen
108 Gari (Sushi-Ingwer)

110 Fermentierte Chilischoten
112 Fermentierte Champignons
114 Eingelegter Rettich (Danmuji)
116 Fermentierter Blumenkohl
118 Sauerkraut mit Brennnesseln
120 Bärlauchkapern
122 Eingelegte Löwenzahnkapern
124 Fermentierte Spargeln

126 Rhabarber-Flieder-Fichte-Ferment
128 Fermentierter Mangold
130 Fermentierter Kohlrabi mit Rüebli
132 Scharf eingelegter Kohlrabi
134 Radieschen in Weissweinessig
136 Fermentierte Tomaten
138 Eingelegte Tomaten
140 Fermentierte Cherrytomaten

142 Fermentierte Passata di pomodori
144 Tomatensalsa (Hot Sauce)
146 Eingelegte Zucchetti
148 Fermentierter Broccoli
150 Fermentierter Fenchel
152 Fermentierte Peperoni
154 Fermentierte Aprikosen (Umeboshi)
156 Fermentierte Johannisbeeren

158 Essiggurken
160 Fermentierter Mais
162 Eingelegte Kirschen
164 Saure Bohnen
166 Eingelegte grüne Bohnen mit Dill (Dilly Beans)
168 Fermentierte Äpfel
170 Fermentierte Zwetschgen
172 Kürbis-Süsskartoffel-Pickles
174 Rosenkohl in Weissweinessig

Bedeutung der Piktogramme bei den Rezepten

 Frühling Sommer  Herbst Winter

Vorwort
Ein Handwerk, das bleibt

Endlich bekommt das Gemüse, was es verdient: Veredelung. Dank Einlegen und vor allem Fermentation geht es bei Kohl, Rande oder Gurke vermehrt um Geschmacksnuancen und um Umami – und darum, dass Gemüse noch viel mehr kann, als uns mit Vitaminen zu versorgen.

Als Foodjournalistin und Gemüsescout beobachte ich seit Jahrzehnten Trends in der Küche. In den Nullerjahren stellte ich fest, dass es in den Gläsern experimentierfreudiger Köchinnen und Köche zu blubbern begann: Gemüse fermentieren war plötzlich ein Thema. Und wenn es ums Einlegen ging, so wurden die Rezepte diverser, gingen weit über die allseits bekannten Gurken und Silberzwiebeln in Essig hinaus. Man entdeckte, dass Gemüse zu fermentieren und einzulegen nicht nur Haltbarkeitsmethoden sind, sondern auch Veredelung im Sinne des Geschmacks – und der Gesundheit. Insbesondere die Fermentation mit Milchsäurebakterien wurde von Spitzenköchinnen und -köchen aufgegriffen. In den Küchen der Profis begegnete ich

Endlich bekommt das Gemüse, was es verdient: Veredelung.

Gemüsefermentation ist kein kurzlebiger Hype, sondern ein Handwerk, das bleiben und sich in unserem kulinarischen Gedächtnis wieder einen festen Platz verschaffen wird.

zunehmend fermentiertem Gemüse, das oft als Komponente in Gerichten serviert wurde. So, wie man das zuvor eigentlich nur von asiatischen Restaurants kannte, in denen zum Essen oft milchsauer vergorenes Gemüse in kleinen Portionen serviert wird.

Neu ist die Fermentation nicht, aber neu entdeckt und neu interpretiert. Standen noch Mitte des letzten Jahrhunderts in vielen Kellern Sauerkrauttöpfe – die hiesige traditionelle Art der milchsauren Gemüsekonservierung –, gerieten diese mit dem Wohlstand und den ganzjährig gefüllten Gemüseregalen der Supermärkte in Vergessenheit. Die Sauerkrautherstellung wurde fortan einigen wenigen Firmen überlassen.

Vom Avantgardetrend bis zum eigentlichen Durchbruch der neu interpretierten, traditionellen Konservierungsmethoden in der breiten Masse sollte es noch etwas dauern. Doch dann kam Kimchi. Etwas Besseres hätte unserem Sauerkraut nicht passieren können. Denn die asiatische, gewürzte Variante unseres Grosselterm-Superfoods, die plötzlich zum Trendlebensmittel avancierte, brachte das Thema der Fermentation mit den natürlichen Milchsäurebakterien wieder in die Köpfe und auf die Teller in der Alltagsküche. Auch Sauerkraut in allen Varianten konnte sich wieder sehen lassen.

Dass der Erfolg der Bakterienkulturen im Glas so gross sein würde, hätte sich noch vor einem Jahrzehnt kaum

jemand ausgemalt. Gründe für diesen Erfolgskurs gibt es viele. Sicher nährte der Trend, dass manche Menschen weniger Fleisch essen, das Interesse an der Milchsäuregärung. Denn die Bakterien wandeln im Gemüse enthaltene Zuckerbausteine in Säure um. Und das bewirkt eben nicht nur, dass das Gemüse haltbar gemacht wird, sondern auch, dass es vollmundiger schmeckt. Und dank diesem Umami-Geschmack, wie man das heute auch nennt, werden Gemüsegerichte komplexer.

In den letzten Jahren wurden Darmgesundheit und die heilende Wirkung von Bakterien immer mehr zu einem Thema. Spätestens ab dann war klar: Gemüsefermentation ist kein kurzlebiger Hype, sondern ein Handwerk, das bleiben und sich in unserem kulinarischen Gedächtnis wieder einen festen Platz verschaffen wird.

Dieses Buch versammelt wertvolles Wissen rund um Fermentation und Einlegen und trägt dazu bei, dass jede und jeder in seiner Küche neue Veredelungstraditionen mitgestalten und so das Gemüse aufs verdiente Podest heben kann.

Esther Kern im Oktober 2023
Foodjournalistin und Gemüsescout

Einleitung

Kleiner Einführungskurs

Endlich verstehe ich, was Fermentation bedeutet. Ich meine, wie sich das Selbermachen anfühlt. Es ist ein Samstagabend und ich nehme an einem Fermentations-Einführungskurs in einem Zürcher Bioladen teil. Organisiert wurde er durch die Profis der Firma Suur; mit 25 Teilnehmenden ist der Kurs komplett ausgebucht. Die Zusammensetzung ist durchmischt, alle Altersgruppen sind vertreten, männlich, weiblich, oft zu zweit. Doch festigt sich bei mir der subjektive Eindruck, dass sich mitteljunge Männer vom Thema Fermentation besonders angesprochen fühlen. Das spiegelt sich im lockeren Auftritt der beiden Suur-Mitarbeiter wider, die an diesem Abend den Kurs leiten und sich mit Vornamen vorstellen: Bram ist ein flämischer Koch, der sich bestens mit Rezepturen auskennt, und Barto ein Bierbrauer aus Hamburg, der Gärungsprozesse anschaulich und mit Humor zu vermitteln weiss. Sie führen

Endlich verstehe ich, was Fermentation bedeutet. Ich meine, wie sich das Selbermachen anfühlt.

Die uralte Haltbarkeitsmethode des Fermentierens ist innert weniger Jahre aus der alternativen Nische ins Bewusstsein breiter Kreise gelangt.

kompetent und mittels anschaulicher Präsentation durch den theoretischen Teil und beantworten Fragen.

Danach folgt der vergnügliche Teil: 25 Leute legen gleichzeitig an einem langen Tisch Hand an. In der ersten Übung sind es Rüebli, die wir rüsten, zuschneiden und zusammen mit Gewürzen unserer Wahl wiegen, um davon zwei Prozent Salzzugabe zu berechnen. Da wird's auch etwas lauter, es wird nach der Waage gerufen und sich gegenseitig ausgeholfen mit Gemüse. Schliesslich ist alles in 250-ml-Bügelgläser geschichtet und mit bereitgestellter Salzlake übergossen. Malerabdeckband und Stifte machen die Runde, die Gläser werden mit dem Datum beschriftet.

Als Zweites schneiden wir einen Weisskohl in feine Streifen, um ein grosses Glas mit Sauerkraut und geraffelten Rüebli zu füllen. Bei diesem Rezept heisst es: Ärmel hochkrempeln, denn es wird die Eigenlake des Kohls benötigt. Dafür muss das Kraut erst so lange geknetet werden, bis sich genügend Saft gebildet hat, um den Kohl im Glas vollständig zu bedecken. Alle verfügbaren Hände stecken nun in grossen Plastikschüsseln, die Kohlmasse wird während gut 15 Minuten kräftig gedrückt und durchgewalkt. Da spritzt es auch mal und Kohlstückchen fliegen durch die Gegend. Die Stimmung ist bestens.

Während wir Teilnehmerinnen und Teilnehmer, stolz und begeistert über unser frisch erlerntes Handwerk,

In der Schweiz gehen jährlich fast 3 Tonnen Lebensmittel verloren, das sind etwa 330 Kilogramm pro Kopf.

zwei gefüllte Bügelgläser mit nach Hause tragen, sind unsere Lehrmeister noch eine Weile damit beschäftigt, den Laden wieder in einen sauberen Zustand zu bringen.

Manchmal dauert es eine Weile, aber dann passieren gute Dinge plötzlich schnell. So ist die uralte Haltbarkeitsmethode des Fermentierens innert weniger Jahre aus der alternativen Nische ins Bewusstsein breiter Kreise gelangt. Das Interesse dafür, woher das Essen auf dem Teller stammt, nimmt zu – daher erfreut sich auch der Eigenanbau von Obst und Gemüse steigender Beliebtheit. Eine Rolle dabei spielt sicher die zunehmende Anzahl Köchinnen und Köche in der Gastronomie, die Wert auf die Verwendung lokaler Erzeugnisse legen und mit traditionellen Zubereitungsmethoden neue Geschmackswelten entdecken und verbreiten.

Diesem neu gewonnenen Bewusstsein liegt noch etwas zugrunde: Nachhaltige Ernährungsweisen sind heute nötiger denn je. In der Schweiz gehen jährlich fast 3 Tonnen Lebensmittel verloren, das sind etwa 330 Kilogramm pro Kopf. Die weitreichenden Auswirkungen auf Umwelt, Klima und Portemonnaie zeigen sich immer deutlicher. Kein Wunder, sind Rezepte zur Haltbarmachung von landwirtschaftlichen Produkten wieder zunehmend gefragt. Traditionelle Praktiken wie Einlegen in Essig oder in Salzlake – wie bei der Fermentation – aber auch Räuchern, Pökeln und Dörren kannten die Bäuerinnen und Gärtner seit jeher. Die Methoden dienten dazu, Erzeugnisse wie Obst, Gemüse, Fleisch oder Fisch in der Saison zu konservieren, sodass die Familie auch in den anderen Jahreszeiten davon zehren konnte.

Beim Einlegen von Gemüse in Essig und dem Einkochen von Obst handelt es sich um geläufige Methoden. Doch das Fermentieren von Kraut überliessen wir in der Schweiz gerne industriellen Landwirtschaftsbetrieben, vornehmlich im Berner Seeland. Dabei ist diese Methode seit Jahrtausenden bei vielen Völkern auf der ganzen Welt verbreitet. Vielleicht brauchte es hierzulande auch die Entdeckung des koreanischen Kimchi – in Fermentista-Kreisen längst Kult –, um unser heimisches Sauerkraut wieder schätzen zu lernen. Im Gegensatz zum Einlegen in Essig passiert bei der Fermentation eine Verwandlung. Wer die Technik beherrscht, kann mit Konsistenzen und Aromen spielen. Eingeschworene Fermentistas nennen es Magie.

Im Gegensatz zum Einlegen in Essig passiert bei der Fermentation eine Verwandlung. Wer die Technik beherrscht, kann mit Konsistenzen und Aromen spielen. Eingeschworene Fermentistas nennen es Magie.

Von Kimchi in verschiedenen Variationen schwärmen auch Adrian Hoenicke, Lorenz Pfrunder und Moritz Diggelmann, die Partner der Firma Suur in Zürich. Als sich die ersten beiden vor fast fünf Jahren bei einem Racletteessen kennenlernten, ging es jedoch um Essiggurken. Jeder brachte seine Version selbst eingemachter Pickles mit zu gemeinsamen Freunden. Je länger der Abend dauerte, desto mehr waren sich Adrian Hoenicke und Lorenz Pfrunder einig, dass der Markt unbedingt mehr eingemachtes Gemüse brauche. Sie eigneten sich die Kunst des Fermentierens und Einlegens an und begannen im eigenen Betrieb mit dem Konservieren von Kraut, Rüebli, Randen, Kohlrabi, Spargeln, Cherrytomaten und Rosenkohl. Dafür brauchten sie pestizidfreies Gemüse mit inneren Werten, oft solches, das den optischen Normen der Grossverteiler nicht entsprach. Schliesslich konnten sie auf dem eigenen Bio-Hof ernten. Ihre Produkte sind online und in zahlreichen Bio-Geschäften der Schweiz erhältlich. Mit Moritz Diggelmann stiess ein dritter Partner dazu. Mittlerweile verarbeitet Suur mit seinen Mitarbeitenden so viele Gemüse-

---

Überlegen Sie sich vorgängig gut, welche Mengen Sie selber herstellen möchten, denn für die Gläser werden Sie Platz benötigen, sei es in einem kühlen Keller oder im Kühlschrank.

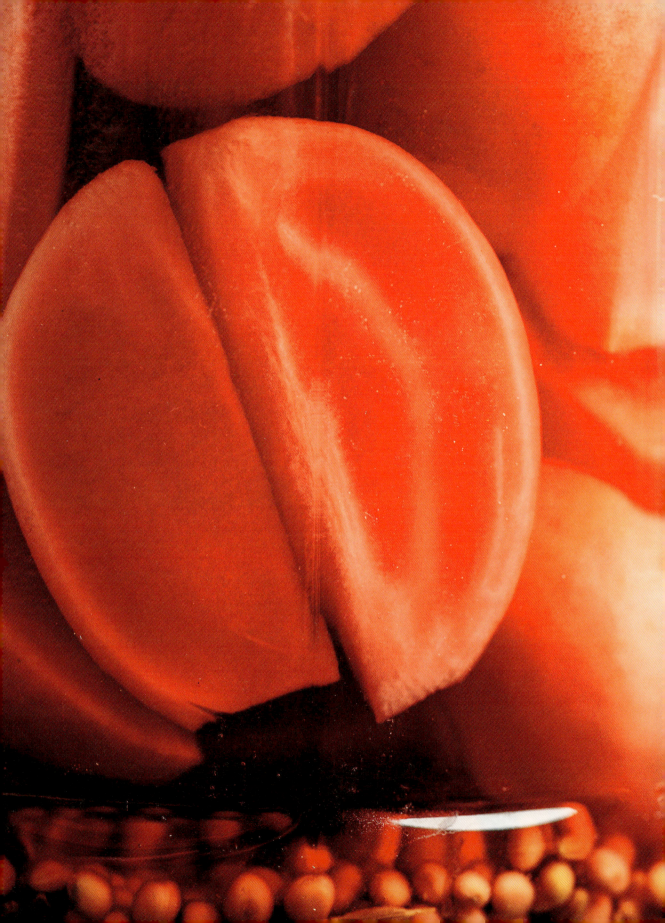

und Obstsorten, dass es ein Leichtes war, aus ihrem Fundus 50 prickelnde Rezepte für dieses Buch auszuwählen. Mehr über die Philosophie und die Arbeitsweise von Suur erfahren Sie in der Reportage ab Seite 55 – vom Ernten auf dem Feld bis zur Produktionsküche.

Falls Sie, geschätzte Leser und Leserinnen, dann auch vom freundlichen Fermentierbakterium infiziert sein sollten, hier noch ein kleiner Rat aus eigener Erfahrung: Überlegen Sie sich vorgängig gut, welche Mengen Sie herstellen möchten, denn für die Gläser werden Sie Platz benötigen, sei es in einem kühlen Keller oder im Kühlschrank.

In diesem Sinne wünsche ich Ihnen viel Spass beim Verwerten von Gemüse und Obst – und beim Experimentieren damit!

———

Beim Einlegen von Gemüse in Essig und dem Einkochen von Obst handelt es sich um geläufige Methoden. Doch das Fermentieren von Kraut überliessen wir in der Schweiz gerne industriellen Landwirtschaftsbetrieben. Dabei ist diese Methode bei vielen Völkern auf der ganzen Welt seit Jahrtausenden verbreitet.

Wissenswerte Grundlagen

Einlegen in Essig

In Essig eingelegtes Gemüse ist sauer, es enthält keine lebendigen Mikroben, die den Geschmack verändern. Es ist stabil konserviert und in sterilisierte Gläser gefüllt.

Im Gegensatz zu fermentierten Gemüseeinlagen muss Eingelegtes nicht kühl gehalten werden, was die Lagerung für den Handel vereinfacht.

Die Grundregeln

Einlegegut
Damit keine unerwünschten Stoffe mitkonserviert werden, unbedingt Bio-Gemüse und -Obst verwenden. Dieses sorgfältig waschen und rüsten.

Einmachgläser und Deckel sterilisieren
Beim Einlegen sollten (im Gegensatz zur Fermentation) immer Gläser mit Schraubverschluss verwendet werden.

Sterilisieren in heissem Wasser: Die Gläser in einen grossen Topf mit Wasser stellen und dieses zum Kochen bringen. Die Gläser umgekehrt auf einem sauberen Tuch trocknen lassen. Die Deckel mit einer Küchenzange kurz ins kochende Wasser tauchen und ebenfalls auf einem sauberen Tuch trocknen lassen.

Sterilisieren im Backofen: Die Gläser kurz vor der Verwendung (damit keine Mikroorganismen mehr eindringen können) ohne Deckel 10 Minuten in den auf 120 °C vorgeheizten Ofen stellen.

Zutaten
— 2 Teile Wasser
— 1 Teil Essig
— Salz
— Zucker
— Gewürze
— Einlegegut: Obst, Gemüse etc.

Zubereitung
— Wasser, Essig und Gewürze aufkochen.
— Das Einlegegut blanchieren.
— Das Einlegegut ins vorbereitete, noch heisse Einmachglas geben.
— Mit dem kochenden Sud übergiessen. Das Glas sollte bis zur Unterkante des Randes voll sein. Das Einlegegut muss vollständig mit Flüssigkeit bedeckt sein.
— Mit dem sterilisierten Deckel verschliessen. Das Glas auf den Kopf stellen und abkühlen lassen.

Optional kann das Glas nach dem Verschliessen pasteurisiert werden. Dies erhöht die Haltbarkeit, indem nochmal alles erhitzt wird und allenfalls vorhandene Mikroorganismen abgetötet werden. Es zersetzt aber auch vorhandene Nährstoffe und ist nicht unbedingt nötig, falls sauber gearbeitet wurde. Für eine Pasteurisation wird der Inhalt des Glases noch einmal während 10 Minuten auf 80 °C Kerntemperatur erhitzt. Die Temperatur kann mit einem Fleischthermometer in einem angebohrten Deckel gemessen werden. Am einfachsten funktioniert das, wenn die gut verschlossenen Gläser in einem grossen Topf ins köchelnde Wasserbad gestellt werden. Je nachdem, wie heiss die Gläser noch sind, dauert es länger oder weniger lang, bis die richtige Temperatur erreicht wird. Alternativ kann auch in einem Steamer oder Backofen pasteurisiert werden.

Das Glas korrekt lagern (siehe unten) und etikettieren, dafür Zutaten (allenfalls Herkunft des Einmachguts), Herstellungsdatum und Haltbarkeit vermerken.

Lagerung
— Das Glas an einem schattigen Ort, im Keller oder bei Raumtemperatur lagern. Ideal sind 14 bis 18 °C, aber auch in der Wohnung bei 20 °C ist die Haltbarkeit gewährleistet.
— Das Glas nach dem Öffnen im Kühlschrank aufbewahren.
— Das Einlegegut sollte stets unter dem Essigpegel liegen.
— Nur mit sauberem Besteck aus dem Glas servieren.

―――――――

In Essig eingelegtes Gemüse ist sauer. Es ist stabil konserviert und in sterilisierte Gläser gefüllt. Im Gegensatz zu fermentierten Gemüseeinlagen muss Eingelegtes nicht kühl gehalten werden, was die Lagerung für den Handel vereinfacht.

Fermentieren

Fermentation bezeichnet die Veränderung eines Ausgangsstoffes durch Mikroorganismen wie Bakterien oder Pilze. Die Fermentation von Lebensmitteln wird häufig für deren Konservierung eingesetzt. Mikroorganismen wie Bakterien und Pilze (zum Beispiel Hefen) verwandeln organische Stoffe in Säure, Gas und Alkohol. Dabei verändern die Lebensmittel Struktur und Geschmack. Während sich die Mikroben vermehren, produzieren sie zusätzliche Vitamine, Amino- und Fettsäuren. Für diesen Prozess benötigen die Mikroorganismen je nach ihrer bevorzugten Umgebung günstige Bedingungen: die richtige Temperatur und die angemessene Menge von Sauerstoff und Salzgehalt.

Für Gemüsefermente brauchen wir Milchsäurebakterien (LB Lactobacilli), die Zucker und Stärke in Milchsäure

> **Fermentation bezeichnet die Veränderung eines Ausgangsstoffs durch Mikroorganismen wie Bakterien oder Pilze.**

Fermentiertes Kraut weist oft mehr Vitamin C auf als gelagerter Kohl.

und CO_2 verstoffwechseln. Die Bakterien verwerten die Kohlehydrate, das Gemüse wird sauer (pH-Wert unter 4,3). Lactobacilli sind freundliche Bakterien, die keinen Schaden anrichten. Ein Grossteil des CO_2 tritt aus dem Fermentiergefäss aus, ein kleiner Teil bleibt als «Kribbeln» zurück. Übrigens: Milchsäurebakterien kommen überall vor: in der Luft, am Gemüse, an unseren Händen. Es braucht also keine zusätzliche Zugabe von Bakterien. Wir fermentieren wild, das heisst, wir verwenden diejenigen Bakterien, die ohnehin vorhanden sind, und schaffen ein Klima, das für den Stoffwechsel und die Vermehrung der Bakterien möglichst förderlich ist. Andere Mikroorganismen wie Hefepilze braucht es für die Produktion von Bier, Wein oder Brot – alles ebenfalls fermentierte Lebensmittel. Gute Schimmelpilze sind im Einsatz für Käse mit Edelschimmel, Salami, asiatische Fermente wie Natto, Miso oder Tempeh.

Normalerweise sinkt der Vitamin-C-Gehalt von Gemüse mit der Lagerdauer oder durch Erhitzung. Durch das saure Milieu im Fermentationsgut wird dieser Abbauprozess gestoppt. Dadurch weist fermentiertes Kraut oft mehr Vitamin C auf als gelagerter Kohl.

Zwischen 1500 und 1800 n. Chr. starben zahllose Seefahrer an der Mangelkrankheit Skorbut, da es auf See kein frisches Gemüse gab. Nach der Entdeckung des

Sauerkrauts als Vitamin-C-Spender nahm James Cook Ende des 18. Jahrhunderts 10 000 Kilogramm Sauerkraut mit auf eine dreijährige Expedition und rettete damit das Leben seiner Matrosen.

Die Menschheit konserviert Lebensmittel seit ca. 10 000 Jahren auf diese Weise, nämlich seit sie sesshaft geworden ist. Vor ca. 3000 Jahren wurde in China bereits Sauerkraut fermentiert. Heute ist es auf der ganzen Welt verbreitet, im deutschsprachigen Raum, im Balkan, in der Ukraine … In Lateinamerika kennt man es als Curtido, mit Oregano und Zitrone, und in Korea als Kimchi – Kohlgemüse fermentiert in einer Chilipaste.

Die Grundregeln

Einlegegut

Damit unerwünschte chemische Rückstände den Fermentiervorgang nicht beeinflussen können, sollte Obst- und Gemüse aus Bio-Anbau verwendet werden. Sorgfältig waschen und rüsten.

Gläser

Saubere, allenfalls sterilisierte (und abgekühlte) Bügelgläser mit Gummiringen und Klammern in verschiedenen Grössen bereitstellen. Manchmal braucht es weniger oder mehr Platz im Glas als vorgesehen. Das Fassungsvermögen des Glases (also das Total des eingefüllten Nettogewichts) beläuft sich in der Regel auf ca. ⅔ bis ¾ des Volumens. Beispiel: 600–750 g Füllgut = 1-Liter-Glas. Nach dem Einfüllen sollte noch Platz für ein Gewicht bleiben und die oberen 2–3 Zentimeter sollten frei bleiben, weil sich der Inhalt während der Fermentation ausdehnt.

Die vier wichtigsten Punkte lassen sich als Merk-SATZ – Salz, Anaerob, Temperatur, Zeit – zusammenfassen.

Salz
Nur uniodiertes Salz verwenden, am besten Alpensalz oder unraffiniertes Meersalz. Die Salzzugabe eines Rezeptes ist nach dem Gesamtgewicht der Zutaten auszurechnen, sie beträgt 2 % des Füllguts. Zum Beispiel: 600 g Füllgut entsprechen 100 %. Folglich sind 6 g 1 % der Gesamtmenge, und 2 % ergeben 12 g. So viel Salz wird für 600 g Füllgut benötigt.

→ **Eine 2-prozentige Salzlake zum Auffüllen der Gläser ansetzen:** 2 g Salz in 100 ml bzw. 20 g in 1 l heissem Wasser auflösen. Salzlake abkühlen lassen. Heisses Wasser würde die erwünschten Milchsäurebakterien im Fermentationsgut abtöten. Tipp für schnelleres Auskühlen: Salz in geringerer Menge heissem Wasser auflösen, dann mit kaltem Wasser aufgiessen. Wenn z. B. 1 l 2-prozentige Salzlake gewünscht wird, 20 g Salz in 200 ml Wasser aufkochen und anschliessend mit 800 ml kaltem Wasser aufgiessen.

Anaerob (ohne Sauerstoff)
Milchsäurebakterien arbeiten anaerob, das bedeutet unter Ausschluss von Sauerstoff. Das Ferment darf deshalb nicht mit der Luft in Kontakt kommen. Das Füllgut muss

so eingefüllt werden, dass keine Lufteinschlüsse mehr bestehen, und mit ausreichend Flüssigkeit bedeckt sein (Eigensaft oder Salzlake). Ein Gewicht beschwert das Gärgut, damit es immer bedeckt bleibt. Es sollte nicht zu viel Luft zirkulieren können.

Bei der Fermentation entstehen Gase. Diese müssen entweichen können. Deshalb empfiehlt sich die Verwendung von Bügelgläsern. Hier kann während des Fermentationsprozesses über den Gummiring CO_2 austreten. Fest verschlossene Schraubgläser könnten explodieren.

Ein Blubbern im Glas zu Beginn der Reifezeit ist kein Grund zur Sorge, im Gegenteil: Es zeigt an, dass die Fermentation im Gang ist. Je nach Gemüsesorte und Temperatur ist es mehr oder weniger stark. Um sicher zu sein, dass Gas entweichen kann, einfach kurz an der Lasche des Gummirings ziehen, ohne das Glas zu öffnen.

Temperatur
Die Fermentation mit Milchsäurebakterien funktioniert am besten bei einer Raumtemperatur von 18 bis 23 °C Celsius. Um sie zu stoppen, braucht es eine Temperatur von unter 7 °C Celsius. Dafür stellt man das Ferment in den Kühlschrank.

Zeit
Die Reifezeit von fermentiertem Gemüse kann zwischen 1 und 6 Wochen dauern, in der Regel ist sie nach 3 bis 4 Wochen abgeschlossen. Während dieser Zeit das Glas so wenig wie möglich öffnen! Mit zunehmender Erfahrung lernt man einzuschätzen, wann der Gärprozess gestoppt werden soll. Es ist auch Geschmackssache.

Haltbarkeit

Nach der abgeschlossenen Fermentation ist das Glas kühlzustellen. Der Gärprozess ist jedoch nicht vollständig gestoppt. Das bedeutet, dass das Ferment mit der Zeit an Geschmack und Biss einbüssen kann. Daher empfehlen wir in der Regel eine Haltbarkeit von 18 Monaten – Kimchi etwa hält sich gut, Bohnen oder Tomaten werden besser etwas früher konsumiert.

Vorgehen

— Einwandfreies, frisches und gewaschenes Gemüse rüsten/klein schneiden.
— Gesamtes Füllgut wiegen, davon 2 % Salz beigeben.
— Gewürze ins Glas legen.

Für Fermentation mit Eigensaft: Das durchgeknetete Gemüse fest ins Glas drücken, allenfalls mit etwas zusätzlicher Salzlake bedecken.

Für Fermentation mit Salzlake: Das Füllgut dicht einschichten, mit Salzlake übergiessen, sodass die Flüssigkeit den Inhalt etwa 1 bis 2 Zentimeter übersteigt.

Das Ferment beschweren, es muss vollständig mit Flüssigkeit bedeckt sein. Im Handel gibt es speziell für die Beschwerung vorgesehene Glasgewichte. Auch saubere Glasmurmeln eignen sich zum Beschweren. Oder man füllt einen kleinen Gefrierbeutel mit so viel Wasser, dass er sich dem Einfüllgut anpasst.

Glas verschliessen, kontrollieren, ob der Gummiring sitzt. Wenn das Gas austritt, kann auch Flüssigkeit austreten. Das Glas daher auf eine Unterlage (Teller) stellen.

Zum Beschriften/Etikettieren (Zutaten, Herstellungsdatum, Haltbarkeit) empfiehlt sich Malerabdeckband, das auf den Deckel geklebt wird. Auf der Seite des Glases kann es wegen der austretenden Lake feucht und unleserlich werden. Bei häufigem Fermentieren mit verschiedenem Füllgut legt man am besten ein Logbuch mit allen wichtigen Informationen an. Hierfür finden Sie im hinteren Teil des Buches ein heraustrennbares Notizbuch mit Logbuch und Etiketten.

Bei der späteren Lagerung kann nichts passieren; fermentiertes Gemüse schimmelt nicht, solange es nicht mit Luft in Kontakt kommt. Allerdings sollte ein möglicherweise feuchtes Glas aussen gereinigt und getrocknet werden. Einmal geöffnete Gläser werden jedoch im Kühlschrank aufbewahrt und der Inhalt sollte innert kurzer Frist verzehrt werden.

―――――――
**Bei der Fermentation entstehen Gase.
Diese müssen entweichen können.
Deshalb empfiehlt sich die Verwendung von
Bügelgläsern. Hier kann während des
Fermentationsprozesses über den Gummiring
CO_2 austreten. Fest verschlossene
Schraubgläser könnten explodieren.**

Wichtige Utensilien

— saubere Tücher und Küchenpapier
— Bügelgläser mit Gummiringen, in unterschiedlichen Grössen (Fermentieren)
— Einmachgläser verschiedener Grössen, mit Schraubverschluss (Einlegen)
— grosser Kochtopf
— Küchenwaage
— Löffelwaage für die grammgenaue Salzabmessung (ersatzweise ein grosser Esslöffel, der in der Regel 20 g Salz aufnimmt – einmal abwiegen zum Testen)
— grosse und kleine Schneidebretter
— Rüst- und Schneidemesser (scharf geschliffen)
— Reibe/Raffel
— Sparschäler
— Gemüsehobel (Mandoline) oder entsprechende Küchenmaschine
— Holzkellen, -löffel, -stampfer
— grosse und kleine Schüsseln zum Mischen und Kneten
— Siebe
— Trichter
— Messbecher mit Schnabelauslauf für sauberes Einfüllen
— Malerabdeckband für das Beschriften der Fermentiergläser/wasserfester Stift
— Etiketten für die Einmachgläser
— Gewichte zum Beschweren: Glas, glasierte Keramikscheiben (gibt es bei diversen Onlinehändlern), mit Wasser gefüllte Gefrierbeutelchen (mit der richtigen Menge an Wasser lässt sich das gut anpassen)
— allenfalls Streifen zum Kontrollieren des pH-Werts (sauer, unter 4,3)

Reportage

Wie Gutes ins Glas kommt

«Eine Woche noch dürfen die Rüebli weiterwachsen, dann werden sie aus der Erde geholt. Es lohnt sich nicht mehr, zu jäten», sagt Bauer Lorenz Pfrunder, Mitgesellschafter des Demeter-zertifizierten Bio-Hofs Unterdorf in Eggenwil AG. Er ist auch Mitbegründer der Zürcher Gemüsemanufaktur Suur, die ihre eingelegten und fermentierten Erzeugnisse hauptsächlich mit Obst und Gemüse von diesem Hof produziert. Womit – was für ein Glücksfall – die Qualitätskontrolle über den gesamten Prozess gewährleistet ist.

Zusammen mit seinem Suur-Mitinhaber Adrian Hoenicke begutachtet Lorenz Pfrunder an diesem sonnigen Morgen den Zustand seines Gemüses, das hier auf 3,5 von insgesamt 18 Hektaren angebaut wird. Alles präsentiert sich knallgrün und frisch, da es kurz zuvor geregnet

Die hübschen, kleinen Rüebli, die Lorenz Pfrunder aus der Erde gezogen hat, entzücken ihn: «Jetzt sind sie wunderbar knackig und aromatisch.»

Zusammen mit seinem Suur-Mitinhaber Adrian Hoenicke begutachtet Lorenz Pfrunder an diesem sonnigen Morgen den Zustand seines Gemüses, das hier auf 3,5 von insgesamt 18 Hektaren angebaut wird.

hat. Auch das «Unkraut» in Form von weiss-gelben Kamillenblüten, wilder Minze und Ampfer macht sich gut. Adrian Hoenicke pflückt sich etwas von der Kamille, deren Heilkraft im nächsten Winter in Form von Tee willkommen sein wird.

Die hübschen, kleinen Rüebli, die Lorenz Pfrunder aus der Erde gezogen hat, entzücken ihn: «Jetzt sind sie wunderbar knackig und aromatisch, darauf freue ich mich jeweils mehr als auf frisch gepflückte Erdbeeren.»

Auch der Knoblauch, gesetzt im letzten Oktober, und der Lauch sind parat. Und bald auch der Wirz, eine weitere essenzielle Zutat für die Kimchiproduktion.

Kimchi, eine scharf gewürzte Krautspezialität aus Korea, scheint einer der Hauptgründe für das steigende Interesse breiter Kreise an fermentiertem Gemüse zu sein. Kimchi ist – gefolgt von Rosenkohl in Weissweinessig – das beliebteste Produkt unter den zehn Standardsorten im Angebot von Suur.

Auch Adrian Hoenicke liebt Kimchi. Und es bedeutet für ihn auch Aufbruch, Abenteuerlust und den Wunsch, kulinarische Grenzen zu durchbrechen: «Die probiotischen

Eigenschaften von Kimchi und sein einzigartiger Geschmack machen es zu einem Symbol des zeitgenössischen Gastronomietrends, in dem sich alte Traditionen mit modernen Ansprüchen verbinden.»

Auf dem Feld präsentiert sich der Kohl zurzeit noch ganz dunkelgrün, mit weit geöffneten Blättern. «Der helle Kopf bildet sich im Verborgenen, geschützt vor Sonnenlicht», erklärt der Gemüsebauer. Neben dem Wirz gedeiht der Krautstiel mit gelben Stielen und grossen, gerippten Blättern prächtig, seine Ernte ist fällig. Früher an diesem Morgen hat Lorenz Pfrunder bereits den Schnittmangold in der nächsten Reihe abgeerntet. Dessen Blätter – wichtiger Bestandteil der Bündner Capuns – sind von hellerem Grün und etwas kleiner und feiner als Krautstiel, der auch Mangold genannt wird.

Ebenfalls weit gediehen ist die ProSpecieRara-Lattichsorte «Forellenschluss», die so heissen soll, weil ihre rötlichen Sprenkel an jene von Forellen erinnern. Der erntefrische Salatkopf, den ich – zusammen mit den

Auf dem Feld präsentiert sich der Kohl zurzeit noch ganz dunkelgrün, mit weit geöffneten Blättern. «Der helle Kopf bildet sich im Verborgenen, geschützt vor Sonnenlicht.»

Dass Lorenz Pfrunder dereinst Bauer werden würde, war nicht unbedingt voraussehbar. Doch der Islamwissenschaftler, der einige Jahre im diplomatischen Dienst des EDA stand, ist glücklich über diese Fügung in seinem Leben.

jungen Rüebli – mitnehmen darf, ergibt später ein herrlich-leichtes Sommergericht. Denn der Salat gehört nicht zu den Erzeugnissen, die in Essig eingelegt oder in Salzlake fermentiert in verschlossenen Gläsern enden. Das Lagergemüse, das auf diesem Bio-Hof mehrheitlich angebaut wird, wird auch über andere Kanäle vermarktet, beispielsweise als Teil von Gemüseabos von Bauernhöfen aus der Umgebung von Bremgarten AG.

Selbstverständlich erfolgt die Ernte nicht von Hand, sondern mit Traktoren und anderem zeitgemässem Gerät. Denn Lorenz Pfrunder und sein Compagnon vom Bio-Hof Unterdorf, Lukas Walde, bearbeiten ihr Ackerland selbst, mit einem ständigen Mitarbeiter: «Nur zum Jäten und bei Erntespitzen stellen wir zusätzliche Arbeitskräfte ein.»

Dass Lorenz Pfrunder dereinst Bauer werden würde, war nicht unbedingt voraussehbar. Doch der Islamwissenschaftler, der einige Jahre im diplomatischen Dienst des EDA stand, ist glücklich über diese Fügung in seinem Leben. «Etwas Konkretes zu tun, das ich anschauen,

anfassen, schmecken und riechen kann, ist unglaublich befriedigend. Es entsteht eine enorm tiefe Bindung zu dem Stück Boden, das ich aufbaue und pflege. Diese Arbeit und die Suur-Produktion unter einen Hut zu bringen, ist anstrengend», sagt er. Und fügt an: «Aber es lohnt sich!»

So sieht das auch sein Partner Adrian Hoenicke, der seine früheren Jobs als Werbetexter nicht vermisst: «Trotz ständig wechselnden und wachsenden Herausforderungen macht es mir sehr viel mehr Spass, in einem selbstbestimmten Unternehmen zu arbeiten.»

Die beiden lernten sich vor gut fünf Jahren bei einem Racletteessen kennen, zu welchem sie beide selbst eingelegtes Gemüse mitbrachten. Am Ende eines vergnüglichen Abends mit ausführlichen Gesprächen über Essigpickles und Fermentation beschlossen sie, ihre eigene Manufaktur zu gründen. So begann die Erfolgsgeschichte von Suur, in deren Verlauf sich der eine zum Bauer und der

So sieht das auch Adrian Hoenicke, der seine früheren Jobs als Werbetexter nicht vermisst: «Trotz ständig wechselnden und wachsenden Herausforderungen macht es mir sehr viel mehr Spass, in einem selbstbestimmten Unternehmen zu arbeiten.»

Nach der Ernte gelangt das Gemüse in die Produktionsküche des Kollektivs CPI, die sich verschiedene junge Lebensmittel-Unternehmen teilen. Sie liegt im Zürcher Binzquartier, einen Steinwurf von der Suur-Zentrale im «DasProvisorium» entfernt.

andere zum Leiter des Verkaufs und des Marketings entwickelte. Vor allem aber wurden sie zu eingeschworenen Fermentistas, die Spass am Experimentieren und Veredeln von Obst und Gemüse haben und ihre Palette an Eingelegtem und Fermentiertem stets zu erweitern suchen. Für das besondere Geschmackserlebnis sorgt der später dazugekommene Produktionsleiter Moritz Diggelmann, ein Koch und Lebensmitteltechniker. Zurzeit pausiert er, um weiterzustudieren; die Produktion wird von einem anderen Mitarbeiter geleitet.

Nach der Ernte gelangt das Gemüse in die Produktionsküche des Kollektivs CPI, die sich verschiedene junge Lebensmittelunternehmen teilen. Sie liegt im Zürcher Binzquartier, einen Steinwurf von der Suur-Zentrale im «DasProvisorium» entfernt. Dort, in den nicht mehr benötigten Räumen der Grossbäckerei Buchmann, haben sich eine ganze Reihe von Start-ups aus dem Food-Bereich angesiedelt. Beim Waschen, Rüsten und Abfüllen packen

Die Suur-Leute freuen sich über das wachsende Netz von Bio- und Gourmetläden, die ihre Erzeugnisse verkaufen. Doch ist ihnen auch das Weitertragen ihrer Idee ein Anliegen.

Lorenz und Adrian zusammen mit fünf Mitarbeitern an. Die Essigpickles kommen sofort in die sterilisierten Gläser und werden pasteurisiert. Das verarbeitete Gut für die Fermentation gärt dagegen während vier Wochen in 30-Liter-Fässern und wird danach ebenfalls von Hand in Gläser abgefüllt.

Die Suur-Leute freuen sich über das wachsende Netz von Bio- und Gourmetläden, die ihre Erzeugnisse verkaufen. Doch ist ihnen auch das Weitertragen ihrer Idee ein Anliegen. Denn es geht letztlich um die Vermeidung von Lebensmittelvernichtung und die Bewahrung des alten Handwerks des Haltbarmachens. Daher geben die Mitarbeitenden von Suur in stark belegten Kursen ihr neu erworbenes Fachwissen an Interessierte weiter. Und verraten in diesem Buch ihre besten Rezepte.

Rezepte

FERMENTIEREN

Klassisches Sauerkraut mit Rüebli

Sauerkraut half schon Weltumseglern wie James Cook (1728–1779), die Folgen von Vitaminmangel auf See – etwa Krankheiten wie Skorbut – zu bekämpfen. Das fermentierte Wintergemüse ist ein Schweizer Klassiker mit viel Vitamin C; durch das Beifügen von Rüebli entsteht eine leichte Süsse. Die restlichen Zutaten sind traditionell erprobt und machen das Sauerkraut perfekt.

Für 1 Bügelglas mit Gummiring à 500 ml

ZUBEREITUNG
ca. 45 Minuten

FERMENTIEREN
3–4 Wochen

HALTBARKEIT
mindestens 6 Monate

ZUTATEN

- 1 kleiner Weisskohl, ohne Strunk, in feine Streifen geschnitten/geraffelt
- 1 mittelgrosses Rüebli, gerüstet und grob geraffelt
- 8–10 Pfefferkörner
- 5–6 Wacholderbeeren
- 1–2 Lorbeerblätter
- Salz

ZUBEREITUNG

1. Ein äusseres Blatt vom Kohl zurückbehalten. Geraffelten Kohl und Rüebli in eine grosse Schüssel geben, die Gewürze bis und mit Lorbeerblätter beigeben. Den Inhalt der Schüssel wiegen. 2 % dieses Gewichts in Form von Salz beigeben. Alle Zutaten gut vermischen, mit den Händen kneten, bis sich genügend Eigensaft gebildet hat.

2. Gemüse ins vorbereitete Glas geben und fest nach unten drücken, es dürfen kaum mehr Sauerstoffeinschlüsse vorhanden sein. Das Glas mit Haushaltspapier innen am Rand und aussen trocken reiben. Das zurückbehaltene Weisskohlblatt auf das Gemisch legen und mit einem Gewicht beschweren. Die Eigenlake soll das Sauerkraut total bedecken. Falls das nicht der Fall ist, nochmals Salzlake (100 ml Wasser mit 2 g Salz aufgekocht und abgekühlt) beigeben. Ca. 2 cm bis zum oberen Rand des Glases frei lassen. Das Glas mit Gummiring sauber verschliessen. Beschriften.

3. Das Kraut 4 Wochen fermentieren lassen. Soll es weniger sauer sein, kann die Fermentation auch nach 2–3 Wochen beendet werden.

4. Anschliessend kühl lagern.

SERVIERTIPPS

Frisch aus dem Glas lässt sich aus dem Kraut ein feiner Salat machen. Es passt auch gut in einen Hot Dog, schmeckt zur Bratwurst oder in einem Sandwich. Auf dem Raclettekäse lässt es sich leicht überbacken geniessen. An kalten Winterabenden empfiehlt sich nicht zuletzt warmes Sauerkraut, nach Belieben mit Äpfeln angereichert und mit Kartoffeln, Fleisch, Wurst oder Fisch serviert.

Sauerkraut Asian Style

Sauerkraut lässt sich auf viele verschiedene Arten zubereiten, zum Beispiel ganz rudimentär nur mit Kabis (Weisskohl) und Salz. Etwas interessanter ist die Variante mit Rüebli, Wacholderbeeren, Lorbeer und Pfeffer. Der Fantasie sind keine Grenzen gesetzt (siehe auch unser Frühlingsrezept mit Brennnesseln, Seite 118). Das folgende Rezept ist eine Eigenkreation von Adrian Hoenicke, abgeleitet von einem japanischen Rezept für Kohlsalat. Unzählige weitere Kreationen warten darauf, entdeckt zu werden.

Für 1 Bügelglas mit Gummiring à 500 ml

ZUBEREITUNGSZEIT
ca. 45 Minuten

FERMENTIEREN
3–4 Wochen

HALTBARKEIT
mindestens 6 Monate

ZUTATEN

- 1 kleiner Weisskohl, ohne Strunk, in feine Streifen geschnitten/gerafelt
- ½ Bio-Zitrone, Saft
- ½ Bio-Orange, abgeriebene Schale
- etwas Reisessig
- 1 Knoblauchzehe, in feine Scheiben geschnitten
- 1 TL fein gehackter Ingwer
- 1 TL Sesamsamen
- etwas frisches Korianderkraut
- Salz

ZUBEREITUNG

1 Wie beim klassischen Sauerkraut vorgehen: Ein äusseres Kohlblatt zurückbehalten. Geraffelten Kohl in eine grosse Schüssel geben, Zitronensaft, Orangenzeste und einen Schuss Reisessig sowie Knoblauch, Ingwer, Sesamsamen und Koriander beigeben.

2 Masse wiegen, 2 % dieses Gewichts in Form von Salz beigeben und einarbeiten. So lange von Hand kneten, bis sich genügend Saft gebildet hat. Das Sauerkraut ins vorbereitete Glas geben und fest nach unten drücken, sodass kaum mehr Sauerstoffeinschlüsse vorhanden sind. Das Ferment mit dem Kohlblatt bedecken, mit einem Gewicht beschweren und das Glas verschliessen.

3 Die Eigenlake soll das Sauerkraut total bedecken. Falls das nicht der Fall ist, nochmals Salzlake (100 ml Wasser mit 2 g Salz aufgekocht und abgekühlt) beigeben. Ca. 2 cm bis zum oberen Rand des Glases frei lassen. Das Glas mit Gummiring sauber verschliessen. Beschriften.

4 Das Kraut 4 Wochen fermentieren lassen. Soll es weniger sauer sein, kann die Fermentation auch nach 2–3 Wochen beendet werden.

5 Anschliessend kühl lagern.

SERVIERTIPPS
Passt gut als Salat zu asiatischen Speisen.

Eingelegter Kohl mit Randen (Peljustka)

Dieses Rezept zum Einlegen oder Fermentieren stammt aus Nischnje Selischtsche, einem Ort in Transkarpatien, der für köstliche Pickles berühmt ist. Durch die Zugabe von Essig hält sich der Kohl länger und bleibt wunderbar knackig.

Für 1 Bügelglas mit Gummiring à 1 Liter

ZUBEREITUNGSZEIT
ca. 30 Minuten

FERMENTIEREN
1–2 Wochen

HALTBARKEIT
mindestens 6 Monate

ZUTATEN

500 ml	Wasser
10 g	Salz
50 g	Rohzucker
50 ml	Apfelessig
10 g	Meerrettich, in feine Scheiben geschnitten
1	kleiner Weisskohl (500–600 g), ohne Strunk, in 2–3 cm breite Streifen geschnitten
100 g	Randen, geschält und in feinste Spalten gehobelt

ZUBEREITUNG

1 Wasser aufkochen, Salz und Rohzucker darin auflösen. Den Apfelessig unterrühren.

2 Zuerst den Meerrettich ins Glas geben. Die Kohlstreifen abwechslungsweise mit den Randen in drei Lagen schichten.

3 Die Zucker-Salz-Lake darübergiessen. Das saubere Glas verschliessen, beschriften und den Kohl 1–2 Wochen an einem zimmerwarmen, dunklen Ort reifen lassen. Sobald Bläschen in der Lake aufsteigen, das Glas an einen kühleren Ort wie den Keller oder Kühlschrank stellen.

SERVIERTIPPS

Der knackige, süsssaure Krautsalat passt zu Burgern, Hot Dog oder Grilliertem.

Eingelegte Randen mit Honig (Torshi)

Torshi – eingelegtes Gemüse – ist ein Klassiker der persischen Küche. Die Qualität des Honigs spielt bei diesem Rezept eine wichtige Rolle.

Für 1–2 Einmachgläser à 1,5 Liter

ZUBEREITUNGSZEIT
ca. 30 Minuten

FERMENTIEREN
1 Monat

HALTBARKEIT
mindestens 6 Monate

ZUTATEN

- 400 ml Rotweinessig
- 500 ml Wasser
- 3 Lorbeerblätter
- ½ TL Fenchelsamen
- 1 TL Salz
- 40 g Schweizer Bio-Honig
- 1–2 Randen (ca. 700 g), geschält und in dünne Streifen geschnitten

ZUBEREITUNG

1 Den Sud aus Rotweinessig, Wasser, Gewürzen, Salz und Honig aufsetzen. Kochen lassen, bis sich der Honig aufgelöst hat.

2 Die Randen-Juliennes in das sterilisierte Einmachglas füllen. Das Glas verschliessen und etikettieren.

3 Nach einem Monat sollte sich das Aroma entwickelt haben, die Honigranden sind genussfertig.

4 Geöffnet ist das Glas im Kühlschrank gut 4 Wochen haltbar.

SERVIERTIPPS

Passt zu Raclette oder ins Sandwich mit Käse. Als Salat lassen sich die Randen mit Apfel und Baumnüssen oder mit Fetakäse und Sonnenblumenkernen kombinieren.

Kimchi

Für 1 Bügelglas mit Gummiring à 500 ml

ZUBEREITUNGSZEIT
ca. 45 Minuten, plus 1–2 Stunden ziehen lassen

FERMENTIEREN
3–4 Wochen

HALTBARKEIT
mindestens 6 Monate

In Korea gehört Kimchi zu jeder Mahlzeit. Es schmeckt leicht säuerlich, salzig und etwas scharf. Kimchi ist äusserst gesund für das Verdauungssystem, weil sämtliche lebenswichtigen Mineralstoffe, Vitamine, Probiotika und Enzyme erhalten sind.

ZUTATEN

- 1 kleiner Wirz oder Chinakohl, ohne Strunk, in kleine Stücke geschnitten
- 1 kleine Stange Lauch, fein geschnitten
- 1 kleine Zwiebel, fein geschnitten
- 1 mittelgrosses Rüebli, grob geraffelt
- 1–2 Knoblauchzehen, in feine Scheiben geschnitten
- 1 Stück Ingwer (1–2 cm), geraffelt
- Salz

Gewürzpaste

- 100 ml Wasser
- 1½ EL Soja- oder Fischsauce
- 2–3 EL Paprikapulver
- 1 TL Chiliflocken
- Salz
- 1 EL Reismehl
- 2 EL Zucker

ZUBEREITUNG

1. Eines der äusseren Kohlblätter aufbewahren. Alle Zutaten bis und mit Ingwer in eine grosse Schüssel geben, gut mischen. Masse wiegen, 2 % dieses Gewichts in Form von Salz beigeben und vermengen. 1–2 Stunden ziehen lassen. Danach so lange kneten, bis sich Saft bildet.

2. In der Zwischenzeit die Gewürzpaste ansetzen: Alle Zutaten bis und mit Chiliflocken mischen und wiegen. 2 % des Gewichts berechnen und die entsprechende Menge Salz beigeben. Aufkochen. Zucker und Reismehl hinzufügen, wenn die Flüssigkeit erhitzt ist. Sie lösen sich so besser auf und brennen nicht an. Abkühlen lassen.

3. Das Gemüse gut mit der Gewürzpaste vermengen. Alles ins vorbereitete Glas geben und fest nach unten drücken, sodass kaum Sauerstoffeinschlüsse übrig sind. Im oberen Bereich des Glases ca. 2 cm frei lassen.

4. Das Gemüse mit dem beiseitegelegten Kohlblatt bedecken und mit einem Gewicht beschweren. Sollte die Eigenlake das Kimchi nicht genügend abdecken, mit 2-prozentiger Salzlake auffüllen. Das Glas sauber mit dem Gummiring verschliessen und beschriften.

5. Diese Fermentation sollte nach 4 Wochen abgeschlossen sein. Wer Kimchi weniger sauer mag, beendet die Fermentation bereits nach 2–3 Wochen.

SERVIERTIPPS

Passt zu asiatischen Gerichten aller Art: Suppen, Reisgerichten, gefüllten Teigtaschen wie Gyoza oder Dim Sum.

Nabak Kimchi

«Nabak» bedeutet auf Koreanisch «dünner Brei», was sich auf die Konsistenz des Kimchis bezieht. Im Vergleich zu anderen Kimchi-Arten schmeckt Nabak Kimchi milder, weniger scharf und leicht sauer. Nabak Kimchi ist erfrischend und wird gerne als Beilage zu koreanischen Gerichten serviert, darunter Reis, Suppen und Fleischgerichte.

Für 1 Bügelglas mit Gummiring à 1 Liter

ZUBEREITUNGSZEIT
ca. 45 Minuten

FERMENTIEREN
2 Tage

HALTBARKEIT
mindestens 6 Monate

ZUTATEN

- 600 ml Salzlake, angereichert mit 2 g Chilipulver
- 220 g Rettich, unter kaltem Wasser abgeschrubbt, nicht geschält
- 160 g Chinakohl, gerüstete Blätter, gut gewaschen
- 2 EL Salz
- 1 Frühlingszwiebel, fein geschnitten
- 1 Rüebli, grob geraffelt oder in feine Ringe geschnitten
- 1 Knoblauchzehe, fein geschnitten
- 1 kleines Stück Ingwer, fein geschnitten
- 1 kleine Birne, geschält und in 2,5 cm grosse Würfel geschnitten
- Salz

ZUBEREITUNG

1. Eine 2-prozentige Salzlake aufsetzen: 100 ml Wasser mit 12 g Salz aufkochen, bis sich das Salz aufgelöst hat, Chilipulver beigeben und mit 500 ml kaltem Wasser aufgiessen.

2. Rettich und Kohlblätter je in 2,5 cm grosse Stücke schneiden. Beides in eine Schüssel geben und mit 2 EL Salz vermischen und eine halbe Stunde ziehen lassen, bis die Blätter welk sind. Nicht abgiessen oder abspülen.

3. Die restlichen zugeschnittenen Zutaten in die Schüssel geben und alles mit der Salzlake begiessen und gut umrühren. Die Würzung prüfen und nach Geschmack anpassen. Eine allfällige starke Salzigkeit reduziert sich durch die Fermentation.

4. Die Mischung ins vorbereitete Bügelglas geben, sauber verschliessen und beschriften.

5. Bei Raumtemperatur 1–2 Tage gären lassen, dann im Kühlschrank lagern. Das Kimchi ist innerhalb weniger Tage zum Genuss bereit. Jedes Mal, wenn etwas davon herausgenommen wurde, das Kimchi gut durchrühren.

SERVIERTIPPS

Passt zu koreanischen Speisen.

Leicht fermentierter Krautsalat (Curtido)

Die lateinamerikanische Variante von Sauerkraut und Kimchi. Curtido ist vor allem in EL Salvador ein traditioneller, chilischarfer Begleiter zu den verschiedensten Mahlzeiten.

Für 1 Bügelglas mit Gummiring à 750 ml

ZUBEREITUNGSZEIT
ca. ¾ Stunde

FERMENTIEREN
2 Wochen

HALTBARKEIT
mindestens 6 Monate

ZUTATEN

- 1 kleiner Weisskohl, ohne Strunk, in dünne Scheiben geschnitten
- 2 Rüebli, grob geraffelt
- 1 rote Zwiebel, fein geschnitten
- 2 Jalapeño, fein geschnitten
- 2 TL getrockneter Oregano
- Meersalz

ZUBEREITUNG

1. Ein äusseres Kohlblatt zurückbehalten. Alle gerüsteten Zutaten in einer grossen Schüssel vermengen und wiegen. 2 % des Gewichts berechnen und entsprechende Menge Salz beigeben. Die Masse von Hand kneten, bis sich genügend Saft gebildet hat.

2. Alles ins vorbereitete Glas geben und fest nach unten drücken, sodass kaum Sauerstoffeinschlüsse übrig sind. Im oberen Bereich des Glases ca. 2 cm frei lassen. Wichtig: Alles muss zum Schluss komplett mit Lake bedeckt sein.

3. Das Glas am Rand und aussen gut mit Küchenpapier säubern, das Ferment mit dem zurückgelegten Kohlblatt und einem Gewicht bedecken.

4. Sollte die Eigenlake den Curtido nicht vollständig bedecken, mit zusätzlicher 2-prozentiger Salzlake auffüllen. Das Glas sauber mit dem Gummiring verschliessen und beschriften.

5. Im tropischen Klima von EL Salvador ist die Fermentation bereits nach wenigen Tagen abgeschlossen. Hierzulande empfehlen wir eine Fermentationsdauer von mindestens 2 Wochen.

SERVIERTIPPS

Als herrlicher Sommersalat, angereichert mit frischem Korianderkraut. Passt zu mexikanischen Gerichten, Grilliertem, Burger und Hot Dogs oder als Füllung von Burritos.

EINLEGEN

Eingelegte Rüebli (Zanahorias en escabeche)

Diese eingelegten Rüebli sind die argentinische Art, Karotten einzulegen. Sie dienen dort als Begleitung zu fast allem.

Für 1–2 Einmachgläser à 500 ml

ZUBEREITUNGSZEIT
ca. 30 Minuten

ZIEHEN LASSEN
2 Stunden

HALTBARKEIT
2 Wochen

ZUTATEN

- 120 ml Weissweinessig
- 120 ml Wasser
- 60 ml Olivenöl
- 2 Knoblauchzehen
- ½ TL getrockneter Oregano
- ½ TL Salz
- ¼ TL gemahlener schwarzer Pfeffer
- 1 Lorbeerblatt
- 1 Jalapeño (optional)
- 450 g Rüebli, geschält, dünne Scheiben oder Stäbchen
- 1 mittelgrosse weisse Zwiebel, in Scheiben geschnitten

ZUBEREITUNG

1 In einem Topf alle Zutaten bis und mit Jalapeño vermischen und auf mittlerer Hitze zum Kochen bringen. Rüebli und Zwiebeln in den Topf geben.

2 Die Hitze reduzieren und das Ganze etwa 10–15 Minuten köcheln lassen, bis die Rüebli weich, aber noch bissfest sind. Den Topf vom Herd nehmen und die Mischung auf Raumtemperatur abkühlen lassen.

3 In sterilisierte Einmachgläser füllen. Gläser mindestens 2 Stunden in den Kühlschrank stellen, damit sich die Aromen entfalten können.

4 Die eingelegten Rüebli können bis zu 2 Wochen im Kühlschrank aufbewahrt werden.

SERVIERTIPPS

Die Rüebli passen zu lateinamerikanischen Spezialitäten und zur Tex-Mex-Küche.

FERMENTIEREN

Rüebli-Kimchi (Tanggun)

Tanggun Kimchi ist eine Variante des traditionellen koreanischen Kimchi, benannt nach der mythologischen Figur Tanggun. Typisch sind scharfe und pikante Geschmacksnoten. Tanggun Kimchi ist beliebt in Korea, es wird mit einer Vielzahl von Gemüsesorten und Gewürzen zubereitet und spiegelt die reiche kulinarische Tradition des Landes wider.

Für 2 Bügelgläser mit Gummiringen à 500 ml

ZUBEREITUNGSZEIT
ca. 1 Stunde

FERMENTIEREN
2 Wochen

HALTBARKEIT
mindestens 6 Monate

ZUTATEN

500 g	Rüebli, in dünne Streifen geschnitten
10 g	Salz
3	Knoblauchzehen
10 g	Ingwer, gehackt
10 g	Zucker
20 g	Chiliflocken
etwas	Fischsauce (nach Belieben)
2	Frühlingszwiebeln, weisse Teile in dünne Scheiben geschnitten

ZUBEREITUNG

1 Rüebli mit Salz mischen und 30 Minuten stehen lassen, um Feuchtigkeit zu entziehen. In einer separaten Schüssel Knoblauchzehen, Ingwer, Zucker, Chiliflocken und Fischsauce vermischen. Die Frühlingszwiebeln beigeben und nochmals gut durchmischen.

2 Sobald die Rüebli Flüssigkeit abgegeben haben, kommen sie – gut ausgedrückt – in die Schüssel mit der Gewürzmischung.

3 Alles gut vermengen, bis die Rüebli vollständig mit der Gewürzmischung bedeckt sind.

4 Auf die vorbereiteten Bügelgläser verteilen und fest hineindrücken, damit die Luft entweichen kann. Gläser sauber mit Gummiring verschliessen. Beschriften.

5 Rüebli bei Raumtemperatur 1–2 Tage gären lassen, für den weiteren Fermentationsprozess in den Kühlschrank stellen.

SERVIERTIPPS

Passt zu asiatischen Gerichten, zu Salat, Linsen und Kichererbsen oder als Antipasto.

EINLEGEN

Rüebli-Pickles mit Thymian und Whisky

Eine etwas extravagante Zubereitung mit eingelegten Rüebli ist die Kombination mit Thymian, Ahornsirup und Whisky. Ausprobieren macht Spass!

Für 2–3 Einmachgläser à je 500 ml

ZUBEREITUNGSZEIT
ca. 30 Minuten

ZIEHEN LASSEN
2 Tage

HALTBARKEIT
12 Monate

ZUTATEN

700 g	Rüebli, in feine Streifen geschnitten
4	Zweige Thymian
500 ml	Wasser
250 ml	Apfelessig
2 EL	Meersalz
2 TL	Ahornsirup
3 EL	Whisky
2	Lorbeerblätter
1 TL	Zimtpulver

ZUBEREITUNG

1 Rüeblistreifen und Thymianzweige in die sterilisierten Gläser geben und fest andrücken. Das Wasser mit allen restlichen Zutaten aufkochen lassen. Den heissen Sud über das Gemüse giessen.

2 Die Gläser sauber verschliessen, auf den Kopf drehen und abkühlen lassen. Beschriften. Gläser kühl lagern.

SERVIERTIPPS
Direkt aus dem Glas als Salat geniessen.

FERMENTIEREN

Fermentierte Rüebli marokkanische Art

Dieses Rezept aus der marokkanischen Küche ist köstlich und beliebt. Die Rüebli werden in einer Mischung aus Gewürzen und Salz eingelegt und dann fermentiert, um ihren Geschmack zu intensivieren und ihre Haltbarkeit zu erhöhen. Das Ergebnis ist eine würzige und leicht saure Beilage, die mit vielen unterschiedlichen Speisen harmoniert.

Für 1 Bügelglas mit Gummiring à 500 ml

ZUBEREITUNGSZEIT
ca. 45 Minuten

FERMENTIEREN
ca. 1 Woche

HALTBARKEIT
mindestens 6 Monate

ZUTATEN

500 g	Rüebli, geschält und in kleine Stücke oder Stifte geschnitten
1	Knoblauchzehe, gehackt
½ EL	gemahlener Kreuzkümmel
½ EL	Paprikapulver
11 g	Salz
½ TL	geriebener Ingwer
½ TL	gemahlene Gewürznelken
½ TL	Zimtpulver
½ TL	gemahlener schwarzer Pfeffer
1	Zitrone, Saft
1 EL	gehacktes Korianderkraut
	Salzlake nach Bedarf

ZUBEREITUNG

1. Rüebli in eine grosse Schüssel geben. Knoblauch, Kreuzkümmel, Paprikapulver, Salz, Ingwer, Nelken, Zimt und Pfeffer beigeben. Alles vermengen und von Hand gut kneten, sodass sich Flüssigkeit bildet. Zitronensaft untermischen.

2. Die ganze Mischung in das vorbereitete Bügelglas füllen und fest nach unten drücken. Oben einen Rand von ca. 2 cm frei lassen.

3. Die Rüebli sollten mit ihrer eigenen Flüssigkeit bedeckt sein. Falls dies nicht der Fall ist, Salzlake (100 ml Wasser mit 2 g Salz aufgekocht und abgekühlt) hinzufügen.

4. Das Glas sauber mit Gummiring verschliessen und beschriften. Nach einer Woche, wenn die Fermentation abgeschlossen ist, den gehackten Koriander untermischen. Die Rüebli sind nun genussbereit.

5. Das Glas im Kühlschrank lagern. Ein paar Tage längere Lagerung führen zu intensiverem Geschmack.

SERVIERTIPPS

Passt zu nordafrikanischen Gerichten mit Couscous oder Bulgur; zu orientalischen oder mediterranen Gerichten, Hülsenfrüchten wie Linsen oder Kichererbsen.

Fermentierte Rüebli mit frischen Kräutern

So ein Glas mit knackigen Rüebli im Vorrat ist ein sicherer Wert für den kleinen Hunger oder die Spontanparty. Und es gibt so manche Kräuter und Samen, die gut zu den Rüebli passen, mit Ingwer oder auch Orangenschale.

Für 1 Bügelglas mit Gummiring à 1 Liter

ZUBEREITUNGSZEIT
ca. 30 Minuten

FERMENTIEREN
2–3 Wochen

HALTBARKEIT
mindestens 6 Monate

ZUTATEN

600 ml	Salzlake
	Salz
400 g	Rüebli (6–8 Stück), gerüstet und in dünne Stangen geschnitten
1–2	Knoblauchzehen, in feine Scheiben geschnitten
	frische Kräuter wie Dill, Thymian, Bärlauch (nach Saison)
1 TL	Senfsamen

ZUBEREITUNG

1 Eine 2-prozentige Salzlake ansetzen: 100 ml Wasser aufkochen, 12 g Salz darin auflösen. 500 ml kaltes Wasser dazugeben.

2 Rüebli, Knoblauch, Kräuter und Senfsamen zusammen wiegen, vom Gewicht den Salzgehalt von 2 % ausrechnen. Salz und Gewürze ins Glas geben.

3 Die Rüebli eng ins Glas packen, sodass sie nicht obenauf schwimmen können. Die vorbereitete Salzlake über die Rüebli giessen, bis zum oberen Rand ca. 2 cm frei lassen. Mit einem Gewicht beschweren.

4 Das Glas mit dem Gummiring sauber verschliessen und beschriften.

5 Bereits nach 2 Wochen Fermentation bei Zimmertemperatur sollten die Rüebli essbereit sein.

6 Wer sie noch etwas saurer mag, lässt sie ein paar Tage weiterfermentieren.

SERVIERTIPPS

Die Rüebli passen zum Apéro oder im Salat.

EINLEGEN

Eingelegte rote Zwiebeln

Rote Zwiebeln werden in einer Mischung aus Essig, Zucker und Gewürzen eingelegt, was ihnen einen einzigartigen Hauch von Süsse und Schärfe verleiht. Sie sind bissfest und doch von angenehmer Textur.

Für 1 Einmachglas à 500 ml

ZUBEREITUNGSZEIT
ca. 30 Minuten

ZIEHEN LASSEN
1 Monat

HALTBARKEIT
mindestens 6 Monate

ZUTATEN

- 3 grosse rote Zwiebeln, in hauchdünne Ringe geschnitten
- 1 Knoblauchzehe, in Scheiben geschnitten
- 5 schwarze Pfefferkörner
- 2 Zweige frischer Thymian
- 300 ml Weissweinessig
- 300 ml Wasser
- 1 EL Zucker
- 1 TL Salz

ZUBEREITUNG

1. Die Zwiebelringe zusammen mit den Knoblauchscheiben ins sterilisierte Einmachglas legen.
2. Pfefferkörner und Thymian dazugeben.
3. Essig, Wasser, Zucker und Salz aufkochen, bis sich der Zucker aufgelöst hat. Den Sud etwas abkühlen lassen und ins Glas über die Zwiebeln giessen.
4. Die Zwiebeln müssen unter dem Essigpegel liegen. Das Glas sauber verschliessen und beschriften.
5. Während eines Monats an einem dunklen Ort aufbewahren, dann sollte sich das leicht süsssaure Aroma entfaltet haben.
6. Anschliessend kühl lagern.

SERVIERTIPPS

Eingelegte Zwiebeln sind bekömmlich und können praktisch zu allem serviert werden: zu Käse, Gschwellti, Wurst und Grilliertem.

FERMENTIEREN

Rotes Sauerkraut mit Apfel

Rotkohl, auch Blaukraut genannt, enthält grosse Mengen an Vitamin C und Ballaststoffen. Wohlbefinden im Verdauungstrakt ist garantiert, vor allem wenn die Mineralstoffe nicht – wie in den beliebten Wintergerichten – zerkocht, sondern roh konserviert werden.

Für 1 Bügelglas mit Gummiring à 500 ml

ZUBEREITUNGSZEIT
ca. 45 Minuten, plus 1–2 Stunden ziehen lassen

FERMENTIEREN
4 Wochen

HALTBARKEIT
mindestens 6 Monate

ZUTATEN

- 1 kleiner Rotkohl, ohne Strunk, in feine Streifen geschnitten
- 10 g Meerrettich, fein gerieben
- 1 kleiner säuerlicher Apfel (z. B. Roter Boskoop, Granny Smith), grob geraffelt
- 5 Wacholderbeeren
- Salz

Varianten anstelle von Meerrettich, Apfel und Wacholder:

— *mit fein geschnittenen Schalenzesten einer Bio-Orange und 20 schwarzen Pfefferkörnern*

— *mit der abgeriebenen Schale einer halben Bio-Orange und ½ TL gemahlenem Kreuzkümmel*

ZUBEREITUNG

1 Ein äusseres Blatt vom Rotkohl aufbewahren. Rotkohl, Meerrettich, Apfel und Wacholderbeeren in einer Schüssel vermengen und wiegen. Von diesem Gewicht 2 % Salz berechnen und daruntermischen.

2 Die Masse während 1–2 Stunden bei Raumtemperatur ziehen lassen.

3 Danach gut durchkneten, bis der Kohl so richtig zu saften beginnt. Alles ins Bügelglas füllen und dabei fest nach unten pressen, sodass kaum mehr Sauerstoffeinschlüsse vorhanden sind. Das aufbewahrte Kohlblatt obenauf legen, mit einem Gewicht beschweren. Sollte die Eigenlake das Rotkraut nicht genügend bedecken, mit 2-prozentiger Salzlake (100 ml Wasser mit 2 g Salz aufgekocht) auffüllen.

4 Oben ca. 2 cm frei lassen und das Glas sauber mit Gummiring verschliessen.

5 Die Fermentation sollte nach 4 Wochen abgeschlossen sein.

6 Anschliessend kühl lagern.

SERVIERTIPPS

Farbig, erfrischend, knackig – das Sauerkraut ist der ideale Sommersalat.

Knoblauch in Honig

Für dieses Rezept braucht es lediglich zwei Zutaten: Knoblauch und Honig. Diese sollten jedoch von einwandfreier Qualität sein. Die Schärfe des Knoblauchs harmoniert wunderbar mit der Süsse des Honigs. Aromen und Nährstoffe verbinden sich ideal. Die Mischung aus Antioxidantien und antibakteriellen, entzündungshemmenden Eigenschaften stärkt das Immunsystem und gilt als natürliches Mittel gegen Erkältungen.

Für 1 Bügelglas mit Gummiring à 500 ml

ZUBEREITUNGSZEIT
ca. 30 Minuten

FERMENTIEREN
3–4 Wochen

HALTBARKEIT
mindestens 6 Monate

ZUTATEN

- 3–4 Knollen junger Knoblauch
- 500 g naturbelassener Honig

ZUBEREITUNG

1. Die Knoblauchknollen in Zehen teilen. Zum Schälen mit der Messerfläche flach drücken, dabei tritt auch schon Saft aus. Jegliche braunen Flecken und Keime (die es bei jungem Knoblauch nicht geben sollte) entfernen.

2. Die flachen Zehen auf einen Teller legen und vollständig mit Honig einreiben. Ins vorbereitete Bügelglas füllen und den restlichen Honig darübergiessen. Mit einem Löffel gut umrühren. Alle Knoblauchzehen müssen von Honig ummantelt sein.

3. Das Glas sauber mit Gummiring verschliessen, beschriften. 3–4 Wochen bei Zimmertemperatur ruhen lassen. Am Ende der Fermentation sollte der dickflüssige Honig dünnflüssiger geworden sein.

4. Anschliessend kühl lagern.

SERVIERTIPPS

Dieser Instant-Knoblauch peppt praktisch jede Mahlzeit auf: Sandwiches, Suppen, Salate, Saucen, Marinaden, Burger, Hot Dogs.

Marokkanische Salzzitronen

Salzzitronen sind in der nordafrikanischen Küche kaum wegzudenken. Sie dienen als Würze in Tajines mit Huhn, Lamm, Couscous oder Gemüse. Die fein geschnittenen Schalen passen zu Eintöpfen und Suppen. In Salaten sorgen sie für einen speziellen Frischekick.

Für 1 Bügelglas mit Gummiring à 750 ml

ZUBEREITUNG
ca. 30 Minuten

FERMENTIEREN
4–6 Wochen

HALTBARKEIT
mindestens 6 Monate

ZUTATEN

- 4 Bio-Zitronen
- 7 TL Meersalz
- 1 TL Pfefferkörner
- 2 Lorbeerblätter
- 1 kleiner Zweig Rosmarin, abgestreifte Nadeln
- heisses Wasser zum Auffüllen

ZUBEREITUNG

1. 3 Bio-Zitronen unter heissem Wasser gründlich abspülen, trocknen. Kreuzweise einschneiden, gerade so tief, dass sie nicht auseinanderfallen. Pro Zitrone 1 TL Meersalz einstreuen und gut einmassieren. Zum Schluss 1 EL Meersalz über das Ganze streuen.

2. 2 TL Meersalz ins vorbereitete Bügelglas geben. Die 3 Zitronen ins Glas geben, den Saft der vierten Zitrone dazugeben. 1 EL Meersalz über die Zitronen streuen.

3. Pfefferkörner, Lorbeerblätter und Rosmarin im Glas verteilen. Mit heissem Wasser auffüllen, sodass die Zitronen mit Wasser bedeckt sind. Am besten mit einem Gewicht beschweren, damit nichts obenauf schwimmt.

4. Darauf achten, dass mindestens 2 cm am oberen Rand des Glases frei bleiben. Das Glas mit Gummiring sauber verschliessen und beschriften.

5. Während 4–6 Wochen bei Zimmertemperatur gären lassen, am besten an einem dunklen Ort und mit einem Teller als Unterlage.

6. Nach Abschluss der Fermentation im Kühlschrank lagern.

SERVIERTIPPS

Die Zitronen werden am besten in Streifen geschnitten serviert. Fein gehackt würzen sie Bulgur oder Couscous ideal. Der salzigsaure Saft eignet sich hervorragend für Salatsaucen und Dressings sowie zum Würzen und Abschmecken, um gekochten Gerichten etwas Frische zu verleihen.

EINLEGEN

Gari (Sushi-Ingwer)

Gari ist süsssauer eingelegter Ingwer und als Tsukemono (eingelegtes Gemüse) ein wichtiger Bestandteil der japanischen Küche.

Für 1 Einmachglas à 250 ml

ZUBEREITUNGSZEIT
ca. ½ Stunde

ZIEHEN LASSEN
1–2 Tage

HALTBARKEIT
mindestens 6 Monate

ZUTATEN

100 g	frischer Ingwer, geschält und gewaschen (Nettogewicht)
½ TL	Salz
50 ml	Reisessig
1 EL	Zucker

ZUBEREITUNG

1. Ingwer in hauchdünne Scheiben hobeln, am besten mit der Mandoline. Die Ingwerscheiben 1–2 Minuten in kochendem Wasser blanchieren.

2. Die Scheiben in eine Schüssel geben, mit Salz bestreuen und gründlich einmassieren. Dabei verliert der Ingwer an Schärfe. Mit einem Gewicht beschweren und etwa 1 Stunde ziehen lassen.

3. Reisessig und Zucker kurz aufkochen und unter Rühren köcheln lassen, bis der Zucker sich gelöst hat.

4. Ingwerscheiben ausdrücken, in ein sterilisiertes Einmachglas geben und mit der heissen Reisessig-Zucker-Sauce übergiessen. Das Glas rasch und sauber verschliessen, sodass möglichst wenig Luft im Glas verbleibt – so hält sich der Gari besonders lang. Beschriften.

SERVIERTIPPS

Aufgrund des scharfen, erfrischenden Geschmacks wird Gari in Japan gerne zu Fisch und Meeresfrüchten gereicht, um den Geschmack zwischen den einzelnen Speisen zu neutralisieren.

Fermentierte Chilischoten

Durch den Fermentationsprozess wird der Geschmack der Chilis intensiviert, ihr Aroma wird komplexer und leicht sauer. Die fermentierten Chilischoten sind eine beliebte Zutat in verschiedenen Länderküchen. Als Würzmittel verleihen sie vielen Gerichten eine angenehme Schärfe.

Für 1 Bügelglas mit Gummiring à 500 ml

ZUBEREITUNGSZEIT
ca. 30 Minuten

FERMENTIEREN
1 Woche

HALTBARKEIT
6 Monate

ZUTATEN

1 l	Wasser
20 g	Salz
100 g	rote und/oder grüne Chilischoten (klein oder gross, je nach Geschmack)
1 Stange	Staudensellerie, davon 200 g Blätter* und eine Stange

*Alternativ können auch Liebstöckelblätter verwendet werden.

ZUBEREITUNG

1 Wasser und Salz zum Kochen bringen. Rühren, bis das Salz sich vollständig aufgelöst hat.

2 Die Salzlake auf Zimmertemperatur abkühlen lassen.

3 Chilis und Blätter waschen und ins vorbereitete Glas füllen und mit der Lake bedecken. Damit die Chilis nicht nach oben steigen, ein passendes Stück Selleriestange quer darüber im Glas verkeilen. Alles muss mit Lake bedeckt, oben sollten ca. 2 cm frei sein.

4 Das Glas sauber mit Gummiring verschliessen, beschriften und die Chilis einige Tage bei Zimmertemperatur stehen lassen. Das Glas in den Kühlschrank stellen, sobald Bläschen in der Lake aufsteigen.

5 Die Chilischoten sind mehrere Monate haltbar und werden immer säuerlicher und pikanter.

SERVIERTIPPS

Lassen Sie Ihrer Kreativität freien Lauf und verwenden Sie die Chilis für Relishes, Salsas, Currys, Eintöpfe oder in Marinaden für grilliertes Fleisch, Fisch und Gemüse.

Fermentierte Champignons

Fermentierte Pilze sind Umami pur. Pilze sind ausserdem reich an Proteinen, Ballaststoffen, Vitaminen und Mineralstoffen und bieten viele gesundheitliche Vorteile. Durch die Fermentation können die Nährstoffe der Pilze noch besser vom Körper aufgenommen werden.

Für 1 Bügelglas mit Gummiring à 500 ml

ZUBEREITUNGSZEIT
ca. 30 Minuten

FERMENTIEREN
1–3 Wochen

HALTBARKEIT
mindestens 6 Monate

ZUTATEN

- 600 ml Salzlake
- Salz
- 350 g Champignons (oder andere Pilze, etwa Steinpilze), geputzt
- etwas frischer Thymian
- 1 Knoblauchzehe, in Scheibchen geschnitten
- ca. 5 schwarze Pfefferkörner

ZUBEREITUNG

1. Eine 2-prozentige Salzlake herstellen: 100 ml Wasser mit 12 g Salz aufkochen. 500 ml kaltes Wasser beigeben.

2. Pilze in ca. 5 mm dünne Scheiben schneiden. Zusammen mit Kräutern und Gewürzen wiegen, von diesem Gewicht 2 % berechnen und die entsprechende Menge Salz dazugeben. Alle Zutaten ins vorbereitete Glas geben und mit der Salzlake begiessen. Alles muss mit Sud bedeckt sein. Oben im Glas 2–3 cm Raum lassen.

3. Das Glas sauber mit einem Gummiring verschliessen und beschriften. Die Pilze etwa 6 Tage bei Zimmertemperatur fermentieren lassen, danach das Glas im Kühlschrank lagern.

4. Die Pilze sind danach geniessbar, ihr Aroma wird jedoch noch runder, wenn sie 2 weitere Wochen an einem kühlen Ort durchziehen können.

SERVIERTIPPS

Die geschmacksreichen Pilze passen zu vielen Gerichten: Suppen, Eintöpfen, Salaten, Sandwiches oder als Beilage zu Fleisch oder Gemüse.

Eingelegter Rettich (Danmuji)

Danmuji ist ein Rezept aus der koreanischen Küche. Eine Küche, von der wir hier vor allem Kimchi und Kimbap kennen. Zu Kimbap, den Sushi-ähnlichen Reisrollen, gehört Danmuji in der Regel dazu. Man kann den süsssauer eingelegten Rettich aber auch einfach als Beilage zu anderen Gerichten auftischen. Danmuji ist relativ rasch essfertig zubereitet und sollte entsprechend schnell – am besten innerhalb eines Monats – verzehrt werden. Im Gegensatz zu anderen Pickles wird es über die Zeit nicht besser.

EINLEGEN — Ab März — Bis Dezember

Für 1 Einmachglas à 500 ml

ZUBEREITUNGSZEIT
ca. 30 Minuten

ZIEHEN LASSEN
2 Tage

HALTBARKEIT
1 Monat

ZUTATEN

- 200 ml Wasser
- 200 ml Reisessig
- 100 g Zucker
- 1 TL Salz
- 1 TL Kurkuma
- 20 schwarze Pfefferkörner
- 3–4 Lorbeerblätter
- 1 mittelgrosser Rettich, in hauchdünne Scheiben geschnitten

ZUBEREITUNG

1. Wasser mit Reisessig, Zucker, Salz, Kurkuma, Pfeffer und Lorbeerblättern bis zum Siedepunkt erhitzen. Den Topf vom Herd nehmen, die Rettichscheiben in den Sud geben und das Ganze ein paar Stunden – am besten über Nacht – auskühlen lassen.
2. In das sterilisierte Einmachglas füllen. Glas verschliessen, beschriften und kühl stellen.
3. Bereits am folgenden Tag ist Danmuji essfertig.
4. Anschliessend kühl lagern.

SERVIERTIPPS

Mit Sesamsamen bestreuen und als Salat oder zu Wurstwaren geniessen.

FERMENTIEREN — Ab April — Bis Oktober

Fermentierter Blumenkohl

Erstaunlich viele Leute hegen Vorbehalte gegenüber Blumenkohl. Das hat vielleicht damit zu tun, dass er in der Vergangenheit oft zu Tode gekocht und an schwerer weisser Sauce serviert wurde. Dabei gingen reichlich vorhandene Nährstoffe – etwa Vitamin C – verloren. Inzwischen kennt man unendlich viele Zubereitungsmöglichkeiten des Blumenkohls, der seit einiger Zeit als Trendgemüse voll durchstartet.

Für 1 Bügelglas mit Gummiring à 1 Liter

ZUBEREITUNGSZEIT
ca. 30 Minuten

FERMENTIEREN
2–3 Wochen

HALTBARKEIT
mindestens 6 Monate

ZUTATEN

- 600 ml Salzlake
- Salz
- 1 mittelgrosser Blumenkohl, ohne Strunk, klein geschnitten, 1–2 Blätter zurückbehalten
- 1 kleiner Zweig Thymian
- etwas Kurkumapulver oder Curry für die Farbe (für rote Farbe etwas Randensaft)

ZUBEREITUNG

1 Eine 2-prozentige Salzlake herstellen: 100 ml Wasser mit 12 g Salz aufkochen. 500 ml kaltes Wasser beigeben.

2 Den Blumenkohl wiegen und 2 % dieses Gewichts in Form von Salz beigeben.

3 Den frischen Thymianzweig ins Glas legen. Die Blumenkohlstücke einfüllen und Gewürz beigeben. Das Gemüse mit Salzlake übergiessen, damit alles schön von Flüssigkeit bedeckt ist.

4 Mit Blumenkohlblättern belegen, beschweren und das Glas mit dem Gummiring sauber und trocken verschliessen. Beschriften.

5 2–3 Wochen bei Zimmertemperatur fermentieren lassen. Je länger die Fermentation dauert, desto saurer wird das Resultat.

SERVIERTIPPS

Blumenkohl ist auch roh bekömmlich, vor allem wenn noch Gewürze und Kräuter, etwa Kümmel und Fenchelsaat, beigefügt werden. Fermentierte Stücke passen gut in jeden Salat, können aber auch für alle möglichen Blumenkohlrezepte verwendet werden (gebacken, frittiert, zu Suppe oder Püree verarbeitet). Passt ausserdem als Antipasto und zu Raclette.

Sauerkraut mit Brennnesseln

Für 1 Bügelglas mit Gummiring à 500 ml

ZUBEREITUNGSZEIT
ca. 45 Minuten

FERMENTIEREN
3–4 Wochen

HALTBARKEIT
mindestens 6 Monate

Durch das Hinzufügen von Brennnesseln erhält das Sauerkraut einen interessanten, leicht würzigen und aromatischen Geschmack. Zudem sind Brennnesseln reich an Vitaminen und Mineralstoffen, was das Sauerkraut noch nährstoffreicher macht.

ZUTATEN

- 1 kleiner Weisskohl, ohne Strunk, fein geraffelt oder geschnitten
- 50 g Brennnesseln (junge Triebe, selbst gepflückt)
- Salz

ZUBEREITUNG

1. Ein äusseres Kohlblatt zurückbehalten. Den geschnittenen oder geraffelten Kohl in eine Schüssel geben. Die Brennnesseln unter heissem Wasser spülen, abtropfen lassen. Mit einem Wallholz platt walzen, damit die Nesselhaare ihre brennende Wirkung verlieren. Zusammen mit dem gerüsteten Kohl wiegen, vom Gewicht 2 % ausrechnen und entsprechend Salz beigeben.
2. Alle Zutaten gut durchmischen, mit den Händen kneten, bis sich genügend Eigensaft gebildet hat. Das Gemüse ins vorbereitete Glas geben und fest nach unten drücken, sodass kaum mehr Sauerstoffeinschlüsse vorhanden sind.
3. Das zurückbehaltene Blatt daraufgelegen und mit einem Gewicht beschweren. Die Eigenlake sollte das Sauerkraut total bedecken. Falls das nicht der Fall ist, Salzlake (100 ml Wasser mit 2 g Salz aufgekocht und abgekühlt) beigeben.
4. Etwa 2 cm bis zum oberen Rand des Glases frei lassen. Das Glas sauber mit Gummiring verschliessen und beschriften.
5. Während 3–4 Wochen bei Raumtemperatur fermentieren lassen.
6. Anschliessend kühl lagern.

SERVIERTIPPS

Sauerkraut mit Brennnesseln kann als Beilage oder als eigenständiges Gericht genossen werden. Die Säure der Sauerkrautlake enthält wertvolle Bakterien zum Aufbau des Mikrobioms, sie stärkt das Immunsystem, die Restlake sollte daher weiterverwendet werden, etwa als Säurezugabe von Getränken, seien es Gemüsesmoothies oder Cocktails.

EINLEGEN

März–April

Bärlauchkapern

Die Bärlauchsaison ist kurz. Es empfiehlt sich daher, die Natur sehr aufmerksam zu beobachten, um die kleinen, noch geschlossenen Knospen pflücken zu können.
Am besten verteilt man die Knospen auf mehrere kleinere Gläser anstatt auf ein grosses.

Für 2–3 Einmachgläser à je 100 ml

ZUBEREITUNGSZEIT
ca. 30 Minuten

ZIEHEN LASSEN
1 Woche

HALTBARKEIT
etwa 6 Monate

ZUTATEN

100 g	kleine, geschlossene Bärlauchknospen
200 ml	Weissweinessig
100 ml	Wasser
2	gestrichene TL Salz
2 EL	Zucker
1 TL	Koriandersamen
1 TL	Senfsamen

ZUBEREITUNG

1. Die Bärlauchknospen waschen und die Stängel wegschneiden. Die Knospen auf die sterilisierten Gläser verteilen – mehrere kleine Gläser sind empfehlenswert, da meist eher kleinere Mengen entnommen werden.

2. Essig, Wasser, Salz, Zucker, Koriandersamen und Senfkörner in einen Topf geben und unter Rühren aufkochen, bis sich der Zucker aufgelöst hat. Den Sud randvoll in die Gläser füllen und diese sofort mit den Deckeln verschliessen (die Kapern steigen auf). Gläser beschriften.

3. Die Bärlauchkapern mindestens 1 Woche bei Raumtemperatur ziehen lassen.

4. Danach im Kühlschrank lagern.

SERVIERTIPPS

Bärlauchkapern schmecken als Antipasto, auf belegten Broten, in Salaten, auf Sandwiches und in Pastasaucen, auf Pizza oder zu Grilladen.

EINLEGEN

März–April

Eingelegte Löwenzahnkapern

Mit wild gesammelten Pflanzenknospen lassen sich spannende Alternativen zu Kapern herstellen, zum Beispiel mit Löwenzahn- oder Bärlauchknospen. Beide sollte man unbedingt vor der Blüte pflücken. Hochwertigen Essig verwenden.

Für 1 Einmachglas à 500 ml

ZUBEREITUNGSZEIT
ca. 30 Minuten

ZIEHEN LASSEN
2 Tage

HALTBARKEIT
mindestens 6 Monate

ZUTATEN

500 ml	Wasser (1)
50 g	Salz (1)
200 g	Blütenknospen, z. B. vom Löwenzahn, gewaschen
300 ml	Wasser (2)
3 g	Salz (2)
150 ml	Weissweinessig
25 ml	Ahornsirup
	etwas frischer Estragon
3	Streifen Thai-Chili
2	Scheiben frischer Ingwer

ZUBEREITUNG

1 Wasser (1) und Salz (1) aufkochen.

2 Die Blütenknospen in ein hitzefestes Gefäss geben und mit der heissen Salzlake übergiessen. Mit einem Teller beschweren und zwei Tage ziehen lassen. Die Knospen durch ein Sieb giessen, gut abspülen und in das sterilisierte Glas füllen.

3 Wasser (2), Salz (2), Weissweinessig und Ahornsirup aufkochen und mit den Gewürzen heiss über die Blütenknospen giessen.

4 Das Glas verschliessen und etikettieren. Kühl stellen.

SERVIERTIPPS

Die Kapern schmecken ausgezeichnet im Frühlings-Blattsalat, zum Apéro mit Oliven oder zu Fischgerichten.

FERMENTIEREN — Ab April — Bis Juni

Fermentierte Spargeln

Die Menschen konservieren ihre saisonalen Erzeugnisse seit jeher, um sich in kargeren Zeiten davon ernähren zu können. Was gerade beim saisonal sehr limitierten Spargel Sinn ergibt und viel Freude macht. Egal, ob weiss oder grün.

Für 1 Bügelglas mit Gummiring à 1 Liter

ZUBEREITUNGSZEIT
ca. 30 Minuten

FERMENTIEREN
2–3 Wochen

HALTBARKEIT
mindestens 6 Monate

ZUTATEN

- 600 ml Salzlake
- Salz
- 400 g Spargeln, möglichst dünne, das hölzerne Ende entfernt (weisse Exemplare geschält)
- 1–2 Knoblauchzehen, in feine Scheiben geschnitten
- ½ rote Zwiebel, in Ringe geschnitten
- 1 Lorbeerblatt

ZUBEREITUNG

1. Eine 2-prozentige Salzlake herstellen: 100 ml Wasser mit 12 g Salz aufkochen. 500 ml kaltes Wasser beigeben.
2. Die gewaschenen und gerüsteten Spargeln zusammen mit den anderen Zutaten wiegen. 2 % des Gewichts berechnen und die entsprechende Menge Salz ins saubere Glas geben.
3. Knoblauchscheiben, Zwiebelringe und Lorbeerblatt einfüllen. Das Glas horizontal halten, um die Spargeln einzuschichten. Sie sollen bis unter einen Rand von ca. 2 cm stehen.
4. Die Salzlake über die Spargeln giessen, das Glas sauber mit dem Gummiring verschliessen. Beschriften.
5. Die Fermentation sollte bereits nach 2 Wochen abgeschlossen sein. Wer die Spargeln etwas saurer mag, lässt sie für ein paar Tage weiterfermentieren.

SERVIERTIPPS

Ideal als erfrischende Vorspeise jenseits der Spargelsaison, passt auch zu Fondue oder Raclette.

FERMENTIEREN — April–Mai

Rhabarber-Flieder-Fichte-Ferment

Rhabarber-Flieder-Fichte-Ferment ist eine einzigartige fermentierte Mischung aus frischem Rhabarber, duftenden Fliederblüten und Fichtennadeln. Diese Kombination ergibt ein Getränk, das süss, erfrischend und leicht holzig im Geschmack ist.

Rhabarber-Flieder-Fichte-Ferment ist reich an probiotischen Bakterien, Vitaminen und Mineralstoffen, die förderlich für eine gesunde Darmflora und das Immunsystem sind. Es kann als erfrischendes Getränk alleine oder in Kombination mit anderen fermentierten Getränken, wie zum Beispiel Wasserkefir oder Kombucha, genossen werden.

Für 1–2 Flaschen mit Schraubverschluss à 500 ml

ZUBEREITUNGSZEIT
ca. 30 Minuten

FERMENTATION
6–7 Tage

HALTBARKEIT
ca. 2 Monate

ZUTATEN

- 150 g Rhabarber, gewaschen, dicke Haut entfernt, in dünne Streifen geschnitten
- 40 g Fichtenspitzen, kurz mit Wasser abgebraust
- 20 g Fliederblüten, ausgeschüttelt, kurz abgebraust
- 500 ml Wasser
- 100 g Zucker

ZUBEREITUNG

1 Rhabarber, Fichtenspitzen und Fliederblüten in ein sterilisiertes Glasgefäss geben.

2 Wasser in einem Topf erhitzen. Zucker hinzufügen, unter Rühren auflösen. Den Sirup zum Kochen bringen und heiss in die Gläser mit der Rhabarbermischung giessen, gut umrühren.

3 Gläser verschliessen und bei nicht zu kühler Raumtemperatur ca. 1 Woche fermentieren lassen, bis sich Blasen und ein saures Aroma bilden.

4 Die fermentierte Mischung abseihen und in 1–2 saubere, verschliessbare Flaschen füllen.

5 Im Kühlschrank aufbewahren. Das erfrischende Getränk hält sich gekühlt etwa 2 Monate.

SERVIERTIPPS

Das Rhabarber-Flieder-Fichte-Ferment lässt sich pur oder mit Mineralwasser aufgegossen geniessen.

FERMENTIEREN — Ab Mai · Bis Oktober

Fermentierter Mangold

Der Geschmack von fermentiertem Mangold (Krautstil) lässt sich durch unterschiedliche Dauer der Fermentation verändern. Nach einer Woche sollte er angenehm mild und erfrischend schmecken, danach kann er intensiv sauer-salzig werden. In der Regel behält fermentierter Mangold jedoch sein charakteristisches Aroma und eine gewisse Knackigkeit.

Für 1 Bügelglas mit Gummiring à 500 ml

ZUBEREITUNGSZEIT
ca. 30 Minuten

FERMENTIEREN
7 Tage

HALTBARKEIT
mindestens 6 Monate

ZUTATEN

600 ml	Salzlake
	Salz
600–700 g	Mangold, gewaschen, harte Stiele entfernt, Rest in Streifen geschnitten
2	Knoblauchzehen, gehackt
1 TL	Senfsamen
1 TL	Kreuzkümmelsamen

ZUBEREITUNG

1. Salzlake herstellen: 100 ml Wasser mit 12 g Salz aufkochen, bis sich das Salz aufgelöst hat. 500 ml kaltes Wasser beigeben.
2. Alle übrigen Zutaten wiegen, von diesem Gewicht 2 % Salzzugabe berechnen.
3. Mangoldstreifen ins vorbereitete Bügelglas geben. Knoblauch, Senfsamen, Kreuzkümmelsamen und berechnete Salzmenge hinzufügen, vermengen.
4. Mit Salzlake füllen, bis der Mangold vollständig bedeckt ist. Oben ca. 2 cm frei lassen. Glas mit Gummiring verschliessen und beschriften.
5. Den Mangold 7 Tage bei Zimmertemperatur fermentieren lassen. Sollte das Ferment nicht sauer genug sein, noch etwas länger ruhen lassen.
6. Anschliessend im Kühlschrank lagern.

SERVIERTIPPS

Fermentierter Mangold ist eine gesunde und köstliche Beilage, die gut zu verschiedenen Gerichten wie Salaten und Sandwiches passt.

Fermentierter Kohlrabi mit Rüebli

Kohlrabi wird gerne unterschätzt. Dabei hat er eine wunderbare Textur und ein einzigartiges, leicht süssliches Aroma. Seine zahlreichen Nährstoffe befinden sich vor allem in den Teilen, die meistens weggeschnitten werden. Daher: Unbedingt die Blätter, in denen auch etwas Schärfe steckt, mitverwenden. Schärfe tut ihm sowieso gut, etwa in Form von Curry, das ihm zusätzlich eine interessante Farbe verleiht. Für gelbe Farbe kann auch Kurkuma beigemischt werden.

Für 1 Bügelglas mit Gummiring à 500 ml

ZUBEREITUNGSZEIT
ca. 30 Minuten

FERMENTIEREN
3–4 Wochen

HALTBARKEIT
mindestens 6 Monate

ZUTATEN

600 ml	Salzlake
	Salz
1	mittelgrosser Kohlrabi, geschält, in dünne Streifen geschnitten
einige	Kohlrabiblätter
1	mittelgrosses Rüebli, gerüstet, mit Sparschäler in Streifen geschnitten
	etwas frischer Dill
½ TL	Koriandersamen
½ TL	Chiliflocken
1 TL	Pfefferkörner

ZUBEREITUNG

1. Eine 2-prozentige Salzlake herstellen: 100 ml Wasser mit 12 g Salz aufkochen. 500 ml kaltes Wasser beigeben.
2. Kohlrabi-Juliennes und -Blätter, Rüeblistreifen mit Dill, Koriandersamen, Chiliflocken und Pfefferkörnern wiegen. 2 % dieses Gewichts in Form von Salz dazugeben. Alle Zutaten in das Bügelglas geben und fest nach unten drücken.
3. Mit der Salzlake auffüllen, oben im Glas 2–3 cm Raum lassen. Das Ganze mit einem Kohlrabiblatt zudecken und mit einem Gewicht beschweren. Das Glas sauber mit Gummiring verschliessen und beschriften.
4. Das Gemüse 3–4 Wochen bei Zimmertemperatur fermentieren lassen.
5. Anschliessend kühl lagern.

SERVIERTIPPS

Schmeckt am besten pur oder als Salat. Aber auch zu exotischen Gerichten, zusammen mit Linsen-, Kichererbsen-, Reisgerichten.

Scharf eingelegter Kohlrabi

Durch den Einlegeprozess intensiviert der Kohlrabi seinen Geschmack und behält die knackige Konsistenz. Mit seiner angenehmen Schärfe passt er zu vielen Gerichten als erfrischende Beilage.

Für 1 Einmachglas
à 250 ml

ZUBEREITUNGSZEIT
ca. 30 Minuten

ZIEHEN LASSEN
1 Woche

HALTBARKEIT
mindestens 6 Monate

ZUTATEN

1	grosser Kohlrabi, geschält, in dünne Scheiben gehobelt
	Salz
1–2 EL	Wasser
100 ml	weisser Balsamico
50 g	Zucker
½ TL	Senfsamen
½ TL	Currypulver
	ein wenig getrocknete Chiliflocken
1–2	Lorbeerblätter
5	schwarze Pfefferkörner

ZUBEREITUNG

1 Den Kohlrabi in einer Schüssel mit reichlich Salz vermischen und mindestens 1 Stunde ruhen lassen.

2 Den Kohlrabi mit Wasser abbrausen und trocknen. Die Scheiben dicht aneinander ins sterilisierte Einmachglas schichten.

3 Balsamico, Zucker, Senfsamen, Currypulver, Chiliflocken, Lorbeerblätter, Pfefferkörner und 1 TL Salz mit Wasser zum Sieden bringen. Sobald sich der Zucker aufgelöst hat, den Sud über den Kohlrabi giessen. Die Scheiben müssen vollständig mit Sud bedeckt sein.

4 Das Glas gut verschliessen und beschriften.

5 Für 1 Woche in den Kühlschrank stellen.

SERVIERTIPPS

Natürlich schmeckt Kohlrabi roh zubereitet äusserst frisch und knackig. Er eignet sich jedoch auch zum Einlegen und passt beispielsweise gut zu Raclette. Am besten schmeckt er, wenn er 1 Woche lang im Kühlschrank ziehen konnte.

EINLEGEN

Radieschen in Weissweinessig

Radieschen-Pickles sind reich an Vitaminen und Mineralstoffen und ihre Zutaten können nach Belieben und Geschmack variiert werden. Zum Beispiel mit Knoblauch, Dill, Senfsamen, Pfefferkörnern und Zwiebeln. Harmonisch sind auch Kombinationen mit Rüebli oder Gurken.

Für ca. 3 Einmachgläser à 275 ml

ZUBEREITUNGSZEIT
ca. 30 Minuten

ZIEHEN LASSEN
1–2 Tage

HALTBARKEIT
mindestens 6 Monate

ZUTATEN

180 ml	Wasser
120 ml	Weissweinessig
1–1½ EL	Zucker
1 TL	Salz
2 TL	Koriandersamen
1 TL	Anissamen
1 TL	Senfsamen
3 Bund	Radieschen, Kraut entfernt, in dünne Scheiben oder Viertel geschnitten

ZUBEREITUNG

1 In einem Topf alle Zutaten ausser den Radieschen zum Kochen bringen. Das Ganze etwa 5 Minuten köcheln lassen, bis sich Zucker und Salz vollständig aufgelöst haben. Gut vermischen.

2 Radieschen untermischen und während 2–3 Minuten mitköcheln lassen, bis sie leicht gegart, jedoch noch bissfest sind.

3 Den Topf vom Herd nehmen und die Radieschen im Sud abkühlen lassen. Die Radieschen aus dem Sud heben und in die sterilisierten Einmachgläser füllen. Den Sud darübergiessen, die Radieschen müssen vollständig damit bedeckt sein. Die Gläser verschliessen und beschriften.

4 Im Kühlschrank lagern, nach 1–2 Tagen sollten sich die Aromen entfaltet haben.

SERVIERTIPPS

Die knackigen Radieschen sind süsssauer und würzig. Sie eignen sich hervorragend als Beilage zu Fleisch, Fisch oder Wurst, für Salate, Sandwiches oder pur als Snack.

Fermentierte Tomaten

Schweizer Grossverteiler bieten das ganze Jahr Tomaten in verschiedenen Sorten an. Doch richtig geschmackvolle Tomaten gibt es nur in Zeiten von Sonnenschein – holen wir uns diesen doch ins Glas.

Für 1 Bügelglas mit Gummiring à 1 Liter

ZUBEREITUNGSZEIT
ca. 30 Minuten

FERMENTIEREN
2–3 Wochen

HALTBARKEIT
mindestens 6 Monate

ZUTATEN

600 ml	Salzlake
	Salz
700 g	kleine Tomaten, ganz
1	kleine Zwiebel, in dünne Streifen geschnitten
1 TL	getrockneter Oregano oder Thymian

ZUBEREITUNG

1. Eine 2-prozentige Salzlake herstellen: 100 ml Wasser mit 12 g Salz aufkochen. 500 ml kaltes Wasser beigeben.
2. Tomaten und Zwiebeln wiegen, von diesem Gewicht 2% berechnen und die entsprechende Menge Salz beigeben.
3. Das vorbreitete Bügelglas mit den Kräutern füllen. Tomaten und Zwiebeln dazugeben und alles mit Salzlake übergiessen. Das Gemüse muss vollständig mit Flüssigkeit (2–3 cm) bedeckt sein. Mit einem Gewicht beschweren. Das Glas mit dem Gummiring sauber und trocken verschliessen und beschriften.
4. Die Tomaten während 2–3 Wochen bei Zimmertemperatur fermentieren lassen. Danach kühl stellen. Je länger die Dauer der Fermentation, desto saurer werden die Tomaten.

SERVIERTIPPS

Die Tomaten passen perfekt in die mediterrane Küche, als Antipasti mit Oliven und Artischocken, aber auch zu Käse, Wurst oder geräuchertem Fisch.

Eingelegte Tomaten

Durch das Einlegen in einer Mischung aus Essig, Gewürzen und Kräutern wird der Geschmack der Tomaten intensiviert und ihre Haltbarkeit verlängert. Die eingelegten Tomaten verleihen vielerlei Speisen eine aromatische Note und eine angenehme Säure.

Für 2 Einmachgläser à 1 Liter

ZUBEREITUNGSZEIT
ca. 30 Minuten

ZIEHEN LASSEN
1 Woche

HALTBARKEIT
mindestens 6 Monate

ZUTATEN

1 l	Wasser
35 g	feines Meersalz
25 g	Zucker
½ EL	Pimentkörner, zerstossen
½ EL	schwarze Pfefferkörner
500 g	mittelgrosse aromatische Tomaten (z. B. Tumbling Tiger)
2	Dillblütenzweige
1	Lorbeerblatt
50 g	Stangensellerie mit Kraut, gehackt

ZUBEREITUNG

1 Wasser mit Salz, Zucker, Piment- und Pfefferkörnern aufkochen, vollständig abkühlen und durchziehen lassen.

2 Tomaten und alle Würzzutaten in die sterilisierten Einmachgläser verteilen und mit je einer Hälfte der abgekühlten Flüssigkeit übergiessen.

3 Gläser sauber verschliessen, beschriften und an einem warmen Ort (ca. 25 °C) eine Woche ziehen lassen, bis die Tomaten zu gären beginnen. Anschliessend in den Kühlschrank oder einen kühlen Keller stellen.

SERVIERTIPPS

Die Tomaten eignen sich als Antipasto, Salat oder für einen schnellen Sugo.

FERMENTIEREN

Fermentierte Cherrytomaten

Fermentierte Cherrytomaten sind etwas ganz Besonderes: Beim Draufbeissen platzen sie und prickeln auf der Zunge, ähnlich wie Champagner. Sie verleihen einem Gericht eine reiche Umami-Note und sind von knackiger Textur.

Für 1 Bügelglas mit Gummiring à 500 ml

ZUBEREITUNGSZEIT
ca. 30 Minuten

FERMENTIEREN
10 Tage

HALTBARKEIT
mindestens 6 Monate

ZUTATEN

600 ml	Salzlake
	Salz
250 g	Cherrytomaten, rot oder verschiedenfarbig
1	Knoblauchzehe, in feine Scheiben geschnitten
2–3	Basilikumblätter
1	Bio-Zitrone, abgeschälte Schalenzesten, fein geschnitten
	einige schwarze Pfefferkörner

ZUBEREITUNG

1 Eine 2-prozentige Salzlake herstellen: 100 ml Wasser mit 12 g Salz aufkochen. 500 ml kaltes Wasser beigeben.

2 Die Tomaten mit einem Zahnstocher anstechen, damit sie sich mit Salzwasser vollsaugen können und nicht platzen. Cherrytomaten mit den übrigen Zutaten zusammen wiegen, um die Salzzugabe von 2 % zu errechnen.

3 Die Tomaten und alle anderen Zutaten ins vorbereitete Glas füllen. Das Ganze mit Salzlake übergiessen, dabei ca. 2 cm bis zum Rand des Glases frei lassen. Allenfalls beschweren, damit die Tomaten immer mit Lake bedeckt sind. Mit dem Gummiring sauber verschliessen und beschriften.

4 Die Fermentation sollte bereits nach 10 Tagen abgeschlossen sein, bei längerer Fermentation werden die Tomaten sauer. Die anfänglich etwas trübe Lake klärt sich mit der Zeit.

5 Das Glas im Kühlschrank aufbewahren.

SERVIERTIPPS

Die Cherrytomaten sind eine kleine Sensation zum Apéro, sie passen aber auch zu gebratenem Gemüse, Fisch oder grilliertem Fleisch.

Fermentierte Passata di pomodori

Die passierte Tomatensauce entwickelt durch den Fermentationsprozess mithilfe von Milchsäurebakterien ein neues, komplexes und intensives Geschmacksprofil. Sie kann als Basis für Pasta, Suppen oder Saucen verwendet werden und verleiht den Gerichten eine tiefe Umami-Note.

Für 1 Einmachglas à 1 Liter

ZUBEREITUNGSZEIT
ca. 30 Minuten

FERMENTIEREN
5 Tage

HALTBARKEIT
mindestens 6 Monate

ZUTATEN

2 kg	grosse, reife Tomaten
1 kg	reife Cherrytomaten
150 g	Meersalz

ZUBEREITUNG

1. Die grossen Tomaten halbieren und an der Röstiraffel in eine grosse Schüssel reiben. Haut wegwerfen. Cherrytomaten ganz lassen.
2. Das Salz unter das geriebene Tomatenfleisch mischen und dieses mit den Cherrytomaten vermengen.
3. Die Schüssel mit einem sauberen Küchentuch bedecken, mit einem Teller beschweren und das Ganze während 5 Tagen bei 25 °C Zimmertemperatur gären lassen. Das Küchentuch täglich erneuern, damit die Tomaten nicht zu schimmeln beginnen. Gut beobachten.
4. Die fermentierten Tomaten sorgfältig zerdrücken, in ein sterilisiertes Einmachglas füllen, sauber verschliessen und beschriften.
5. Im Kühlschrank lagern und nach dem Öffnen innerhalb von 1 Monat aufbrauchen.

SERVIERTIPPS

Für Suppen und Sugo, Bloody Mary oder Cocktailsauce.

FERMENTIEREN

Tomatensalsa (Hot Sauce)

Durch die Fermentation entwickelt die Tomatensauce einen komplexen Geschmack und einzigartige Aromen. Sie ist sehr gesund, da die probiotischen Bakterien der Verdauung guttun und das Immunsystem stärken.

Für 1 Bügelglas mit Gummiring à 1 Liter

ZUBEREITUNGSZEIT
ca. 30 Minuten

FERMENTIEREN
3–5 Tage

HALTBARKEIT
4–6 Wochen

ZUTATEN

- 350 g Tomaten, Stielansatz entfernt, grob gehackt
- 120 g Peperoncini, Stiel entfernt, in kleine Stücke geschnitten
- 1 grosse Zwiebel, gehackt
- 8 Knoblauchzehen, gehackt
- 2 Bund Petersilie, gehackt
- ½ TL Koriandersamen
- ½ TL Kreuzkümmelsamen
- 250 ml Wasser
- Salz

ZUBEREITUNG

1. Tomaten, Peperoncini, Zwiebeln, Knoblauch und Petersilie in einer Schüssel vermengen.
2. Koriander- und Kreuzkümmelsamen ohne Fett rösten, bis ihr Duft aufsteigt. Abkühlen lassen, im Mörser fein mahlen und zum Gemüse geben.
3. Alles zusammen wiegen, vom Gewicht 2 % berechnen. Die entsprechende Menge Salz im Wasser aufkochen, etwas abkühlen lassen und zur Mischung geben. Gut vermengen.
3. Die Tomatenmischung ins vorbereitete Bügelglas füllen und mit dem Gummiring sauber verschliessen. Beschriften.
4. Bei Raumtemperatur 3–5 Tage fermentieren lassen. Die Salsa ist nun bereits genussfertig.
5. Salsa hält sich im Kühlschrank 4–6 Wochen.

SERVIERTIPPS

Die Salsa schmeckt pur grossartig und passt zu vielen Gerichten.

EINLEGEN

Eingelegte Zucchetti

Wer Zucchetti im Garten zieht, kann sich in der Regel über eine reiche Ernte freuen. Das Sommergemüse für den Winter zu konservieren, liegt daher nahe und ist ein unkompliziertes Unterfangen. Die Gewürzzugabe lässt sich nach eigenem Geschmack variieren.

Für 1 Einmachglas
à ca. 1 Liter

ZUBEREITUNGSZEIT
ca. 30 Minuten

ZIEHEN LASSEN
2–3 Tage

HALTBARKEIT
mindestens 6 Monate

ZUTATEN

- 1 Zwiebel, in feine Ringe geschnitten
- 200 ml Wasser
- 120 ml Weissweinessig
- 2 ½ EL Zucker
- 1 TL Salz
- 1 TL Senfkörner
- 12 g frischer Ingwer, gerieben
- ½ TL schwarze Pfefferkörner
- 3 Lorbeerblätter
- 500 g Zucchetti, in 2 cm dicke Scheiben geschnitten

ZUBEREITUNG

1. Zwiebelringe mit allen Zutaten ausser den Zucchetti in einem Topf aufkochen. Diese erst am Schluss während 2–3 Minuten mitkochen lassen.
2. Die Zucchetti und die Zwiebelringe mit einem Schaumlöffel aus dem Sud heben und in die sterilisierten Einmachgläser legen. Mit dem heissen Essigsud randvoll aufgiessen.
3. Die Gläser sauber verschliessen, beschriften und abkühlen lassen.
4. Anschliessend kühl lagern.

SERVIERTIPPS

Die Zucchetti passen perfekt zu Käse (auch Raclette, Fondue), in ein Sandwich oder zu grilliertem Fleisch.

Fermentierter Broccoli

Broccoli lässt sich – wie Blumenkohl – mit unterschiedlichen Zutaten fermentieren. Der Fantasie sind kaum Grenzen gesetzt, es gilt lediglich, die geschmacklich interessantesten Kombinationen zu entdecken. Die Herausforderung beim Fermentieren besteht grundsätzlich darin, sich in Geduld zu üben. Bis der Gärprozess abgeschlossen ist, dauert es ein paar Wochen. Danach lässt sich die Rezeptur im Gaumen testen.

Für 1 Bügelglas mit Gummiring à 1 Liter

ZUBEREITUNGSZEIT
ca. 30 Minuten

FERMENTIEREN
3–4 Wochen

HALTBARKEIT
mindestens 6 Monate

ZUTATEN

- 600 ml Salzlake
- Salz
- 1 mittelgrosser Broccoli, dicker Strunk entfernt, klein geschnitten
- 1 Grapefruit, Saft; klein geschnittene Zesten der halben Frucht
- einige schwarze Pfefferkörner

ZUBEREITUNG

1. Eine 2-prozentige Salzlake herstellen: 100 ml Wasser mit 12 g Salz aufkochen. 500 ml kaltes Wasser beigeben.
2. Broccoli wiegen, davon 2 % berechnen und die entsprechende Menge Salz mit dem Broccoli mischen.
3. Pfefferkörner ins Glas legen. Broccoli und die klein geschnittene Schale der halben Grapefruit abwechselnd ins Glas schichten. Dann den Saft der ganzen Grapefruit beigeben.
4. Mit Salzlake auffüllen, dabei oben im Glas 2–3 cm Raum lassen. Mit Gewicht beschweren. Das Glas mit Gummiring sauber verschliessen, beschriften.
5. Bei Zimmertemperatur während 3–4 Wochen gären lassen.
6. Danach im Kühlschrank lagern.

SERVIERTIPPS

Diese Kombination sieht nicht nur sommerlich farbig aus, sie schmeckt auch entsprechend erfrischend: in einer Salat-Bowl, als Antipasto oder einfach nur so.

Fermentierter Fenchel

Der unverwechselbare, süssliche Geschmack des Fenchels ist gewöhnungsbedürftig, vor allem für Kinder. Dass er, dank zahlreicher wertvoller Nährstoffe, unfassbar gesund ist, hat sein Image nicht unbedingt verbessert. Doch wie so oft kommt es auch beim Fenchel auf die Zubereitung und die Zutaten an.

Für 1 Bügelglas mit Gummiring à 500 ml

ZUBEREITUNGSZEIT
ca. 30 Minuten

FERMENTIEREN
3–4 Wochen

HALTBARKEIT
mindestens 6 Monate

ZUTATEN

- 600 ml Salzlake
- Salz
- 200 g Fenchel, in dünne Ringe gehobelt
- 1 kleine Schalotte, in dünne Ringe geschnitten
- 1 kleine Rande, geschält und grob geraffelt (für die Farbe)
- etwas frischer Dill, zerzupft
- Fenchelgrün, zerzupft

*Alternative Zutaten anstelle von Schalotte, Rande, Dill:
1 Zweig frischer Thymian,
1 TL Senfsamen*

ZUBEREITUNG

1. Eine 2-prozentige Salzlake herstellen: 100 ml Wasser mit 12 g Salz aufkochen. 500 ml kaltes Wasser beigeben.
2. Alle gerüsteten Zutaten zusammen wiegen, von diesem Gewicht 2 % berechnen und die entsprechende Menge Salz dazugeben.
3. Das Gemüse ins vorbereitete Bügelglas geben und fest nach unten drücken. Mit Salzlake auffüllen, sodass alles vollständig mit Flüssigkeit bedeckt ist. Oben ca. 2 cm Raum lassen. Mit einem Gewicht beschweren.
4. Das Glas mit Gummiring sauber verschliessen und beschriften.
5. Während 3–4 Wochen bei Zimmertemperatur fermentieren lassen.
6. Anschliessend kühl lagern.

SERVIERTIPPS

Fenchel lässt sich gut mit mediterranen, aber auch scharfen und exotischen Gewürzen kombinieren und passt daher auch gut zu den entsprechenden Küchen; als Antipasto oder im Salat.

Fermentierte Peperoni

Für Peperoni gilt dasselbe wie für Tomaten: Sie schmecken einfach besser in der Sommersaison. Das Gemüse während dieser Zeit zu konservieren, lohnt sich auch aus ökologischer Sicht. Manchen Menschen liegt die Haut der rohen Peperoni schwer im Magen, fermentiert ist sie bekömmlicher. Sie zu essen, ist durchaus sinnvoll, denn in der Haut schlummern die meisten Nährstoffe.

Für 1 Bügelglas mit Gummiring à 1 Liter

ZUBEREITUNGSZEIT
ca. 30 Minuten

FERMENTIEREN
2–3 Wochen

HALTBARKEIT
mindestens 6 Monate

ZUTATEN

- 600 ml Salzlake
- 2–3 Peperoni (rot, grün, gelb), entkernt, in feine Streifen geschnitten
- 1 getrockneter Peperoncino, ganz
- Salz
- 1 Knoblauchzehe, in dünne Scheiben geschnitten
- ½ TL Koriandersamen

ZUBEREITUNG

1. Eine 2-prozentige Salzlake herstellen: 100 ml Wasser mit 12 g Salz aufkochen. 500 ml kaltes Wasser beigeben.
2. Peperoni und Peperoncino wiegen, von diesem Gewicht 2 % berechnen und die entsprechende Menge Salz beigeben.
3. Koriandersamen und Knoblauchscheiben ins vorbereitete Glas füllen. Peperonistreifen und Peperoncino dazugeben und die Salzlake darübergiessen. Alles muss vollständig mit Flüssigkeit bedeckt sein. Mit Gewicht beschweren.
4. Das vorbereitete Glas mit dem Gummiring sauber und trocken verschliessen und beschriften.
5. Die Peperoni während 2–3 Wochen bei Zimmertemperatur fermentieren lassen. Je länger die Dauer der Fermentation, desto saurer werden die Peperoni.
6. Danach kühl lagern.

SERVIERTIPPS

Leicht scharfe Peperoni machen Appetit zum Auftakt einer Mahlzeit. Sie peppen Sandwiches auf, lassen sich auf die Pizza legen oder mit mexikanischen Speisen kombinieren. Die Peperoni schmecken aber auch einfach so, zu fast allem. Das war schon in der Antike bekannt.

Fermentierte Aprikosen (Umeboshi)

Umeboshi ist die japanische Bezeichnung für eine Pflaumenart, die eingelegt und fermentiert wird. Zusammen mit roten Shiso-Blättern entwickelt sich ein intensiver saurer und salziger Geschmack.

Roter Shiso, auch bekannt als Rotblättrige Schwarznessel oder Perilla, ist ein in Asien häufig kultiviertes Gewürzkraut. Der Geschmack ist kräftig, leicht bitter, mit Minze- und Anisnoten, im Gegensatz zum milden Grünen Shiso-Kraut, das an Zitronenmelisse oder Petersilie erinnert.

Für 1 luftdichten Behälter à ca. 500 ml

ZUBEREITUNGSZEIT
ca. 30 Minuten

FERMENTIEREN
insgesamt etwa 1 Woche

HALTBARKEIT
mindestens 6 Monate

ZUTATEN

- 500 g Aprikosen (nicht zu reif)
- 300 g Meersalz
- 100 g rote Shiso-Blätter*

* Als Alternative können auch Basilikum- oder Minzblätter verwendet werden.

SERVIERTIPPS

Umeboshi sind sehr salzig und sollten daher sparsam verwendet werden. Fein geschnitten sind sie eine köstliche Ergänzung zu Reisgerichten, Saucen oder Suppen.

ZUBEREITUNG

1. Aprikosen gründlich waschen, trocken tupfen und vorsichtig einschneiden, sodass der Kern entfernt werden kann, die beiden Hälfte jedoch noch zusammenhängen.

2. Eine Schicht Meersalz auf den Boden einer Schüssel geben. Eine Schicht Aprikosen darauflegen und diese mit einer weiteren Schicht Salz bedecken. So fortfahren, bis alle Früchte aufgeschichtet und mit Salz bedeckt sind.

3. Die Schüssel mit einem sauberen Tuch bedecken, die Masse mit einem Teller oder einem Brett beschweren und das Ganze 24 Stunden ruhen lassen.

4. Anschliessend die Früchte unter kaltem Wasser gründlich abspülen, vorsichtig trocken tupfen und auf einem Tablett auslegen. Sie sollen 3–4 Tage an einem sonnigen Ort trocknen, bis sie hart und runzelig sind. Bei niedriger Temperatur im Backofen kann die Trocknungszeit verkürzt werden.

5. Sind die Früchte trocken, werden die roten Shiso-Blätter zwischen die Fruchthälften gelegt.

6. Danach ruhen die Aprikosen weitere 2–3 Tage, damit sie den Geschmack der Shiso-Blätter absorbieren können. Blätter anschliessend entfernen.

7. Nach abgeschlossenem Prozess lassen sich die getrockneten Aprikosenhälften in einem luftdichten Behälter aufbewahren.

Fermentierte Johannisbeeren

Für 1 Bügelglas mit Gummiring à 500 ml

ZUBEREITUNGSZEIT
ca. 30 Minuten

FERMENTIEREN
10 Tage

HALTBARKEIT
mindestens 6 Monate

Durch den Fermentationsprozess entwickeln die Johannisbeeren eine einzigartige Mischung aus süssen und säuerlichen Aromen. Diese verleihen herzhaften Speisen eine erfrischende Note und bieten eine interessante geschmackliche Abwechslung. Ausserdem sorgen fermentierte Johannisbeeren mit ihren reichen Nährstoffen und probiotischen Kulturen für Darmgesundheit.

ZUTATEN

600 ml	Salzlake
	Salz
500 g	Johannisbeeren, gewaschen und entstielt
2	Knoblauchzehen, fein gehackt
1 TL	Kreuzkümmelsamen
1 TL	Senfkörner
1 TL	Koriandersamen
1 TL	Schwarzkümmelsamen

ZUBEREITUNG

1 Eine Salzlake herstellen: 100 ml Wasser mit 12 g Salz aufkochen bis es aufgelöst ist und mit 500 ml kaltem Wasser anreichern.

2 Alle Zutaten zusammen wiegen, von diesem Gewicht 2 % berechnen und die entsprechende Menge Salz abwiegen.

3 Die Johannisbeeren ins vorbereitete Bügelglas geben und die berechnete Menge Salz darüberstreuen. Die restlichen Zutaten beigeben.

4 Das Glas mit Salzlake auffüllen, bis die Johannisbeeren vollständig bedeckt sind. Oben 2 cm Raum lassen.

5 Das Glas sauber mit dem Gummiring verschliessen und beschriften.

6 Während 10 Tagen bei Raumtemperatur fermentieren lassen. Danach sind die Johannisbeeren bereit zum Verzehr.

7 Anschliessend kühl lagern.

SERVIERTIPPS

Fermentierte Johannisbeeren lassen sich auf Brot, Toast oder Cracker streichen. Sie passen auch zu Käse oder zu Wildgerichten. Für einen einzigartigen Geschmack sorgen sie in Desserts wie Glacé oder Pudding.

Essiggurken

Für ca. 3 Einmachgläser à 275 ml

ZUBEREITUNGSZEIT
ca. 30 Minuten

ZIEHEN LASSEN
ein paar Tage

HALTBARKEIT
mindestens 6 Monate

Gurken wurden bereits in der Antike angebaut. Im 16. Jahrhundert begannen die Menschen in Mitteleuropa mit dem Konservieren der Gurken durch Marinieren in Essig oder Salzlake. Im 19. Jahrhundert waren diese Essigkonserven ein gefragtes Handelsgut zwischen Europa und Nordamerika; Einwanderer brachten Rezepte mit in die USA. Bis heute sind Essiggurken in vielen Variationen weltweit beliebt.

ZUTATEN

360 ml	Wasser
180 ml	Weissweinessig
2 EL	Zucker
3 TL	Salz
1	Zwiebel, fein geschnitten
1	Bund frischer Dill, fein gezupft
1 TL	rosa Pfeffer
½ TL	schwarzer Pfeffer
½ TL	Bockshornkleesamen
1	Meerrettichblatt*, in 3 cm breite Streifen geschnitten
500 g	Cornichons (Gewürzgurken, klein kalibriert, 5–7 cm lang), gewaschen

* Alternativ können auch Eichen-, Himbeer- oder Olivenblätter verwendet werden. Wichtig ist ein hoher Gehalt an Gerbstoff. Meerrettichblätter enthalten zudem Senföl, das ebenfalls dazu beiträgt, die Knackigkeit zu erhalten.

ZUBEREITUNG

1 Einen Sud aus Wasser, Essig, Zucker und Salz aufsetzen. Die sterilisierten Einmachgläser mit Gewürzen, Zwiebeln, Dill und Meerrettichblättern bestücken.

2 Die Gurken in die Gläser verteilen und den heissen Sud einfüllen, gut verschliessen und abkühlen lassen. Beschriften.

3 Nach wenigen Tagen sollte sich das Aroma entwickelt haben. Gläser anschliessend bei Zimmertemperatur lagern.

SERVIERTIPPS

Essiggurken schmecken immer – speziell zu Burgern, Raclette, im Sandwich. Sie sind Bestandteil von Tatarsauce zu Fischknusperli oder Fondue Chinoise; ausserdem eine wichtige Zutat in Rindstatar und Wurstsalat.

Fermentierter Mais

Mais enthält viel Stärke, was dazu führen kann, dass er beim Fermentieren etwas zu sauer wird. Wenn die ausgelösten Körner mit kaltem Wasser abgespült werden, kann das allerdings ein wenig abgemildert werden.

Für 1 Bügelglas mit Gummiring à 500 ml

ZUBEREITUNG
ca. 30 Minuten

FERMENTIEREN
3–4 Wochen

HALTBARKEIT
mindestens 6 Monate

ZUTATEN

- 600 ml Salzlake
- Salz
- 1–2 Maiskolben (Maiskörner abstreifen, ergibt ca. 400 g)
- ½ Zwiebel, in dünne Streifen geschnitten
- 1 grosser Peperoncino, in Streifen geschnitten
- 1 Zweig frischer Thymian

ZUBEREITUNG

1. Eine 2-prozentige Salzlake herstellen: 100 ml Wasser mit 12 g Salz aufkochen. 500 ml kaltes Wasser beigeben.
2. Alle gerüsteten Zutaten wiegen, vom Gewicht 2 % berechnen und die entsprechende Menge Salz beigeben.
3. Gewürze und Zwiebeln ins Glas legen. Maiskörner und Peperoni mischen und dazugeben. Mit Salzlake auffüllen, dabei oben 2–3 cm Raum lassen. Mit Gewicht beschweren. Das Glas mit Gummiring sauber verschliessen, beschriften.
4. Bei Zimmertemperatur für 3–4 Wochen gären lassen.
5. Danach im Kühlschrank lagern.

SERVIERTIPPS

Die Maiskörner passen zu Blattsalaten und zu mexikanischen Speisen.

EINLEGEN

Eingelegte Kirschen

Durch das Einlegen der saftigen Kirschen in Essig, Zucker und Gewürzen wird ihre natürliche Süsse bewahrt und ihnen gleichzeitig eine angenehme Säurenote beigefügt. Sie lassen sich daher auch bestens mit herzhaften Gerichten kombinieren und verleihen diesen einen Hauch von Frische.

Für 2 Einmachgläser à 500 ml

ZUBEREITUNGSZEIT
ca. 30 Minuten

ZIEHEN LASSEN
1–2 Tage

HALTBARKEIT
etwa 6 Monate

ZUTATEN

500 g	Kirschen (mit Steinen), gewaschen
250 ml	Weissweinessig
500 ml	Wasser
200 g	Zucker
1	Vanilleschote
1	Zweig Estragon

ZUBEREITUNG

1. Kirschen in sterilisierte Gläser geben. Weissweinessig, Wasser und Zucker in einem Topf zum Kochen bringen. Umrühren, bis sich der Zucker aufgelöst hat.
2. Vanilleschote längs aufschneiden und das Mark auskratzen. Schote und Mark zum Essigwasser-Zucker-Gemisch hinzufügen und 1–2 Minuten mitköcheln lassen.
3. Estragonzweig hinzufügen und alles weitere 2 Minuten köcheln lassen. Den Essig aus dem Topf abseihen und heiss über die Kirschen giessen.
4. Gläser verschliessen und auf den Kopf stellen. Abkühlen lassen, im Kühlschrank aufbewahren.

SERVIERTIPPS

Die Kirschen passen zu Rahmdesserts, Sauerrahm- oder Vanilleglacé, ebenso zu Wildgerichten und Käse.

FERMENTIEREN

Ab Juli
Bis September

Saure Bohnen

Bohnen sind kalorienarm und gesund: Sie beinhalten viel Eiweiss, reichlich Kalium, Kalzium, Magnesium, Phosphor, Vitamine und Ballaststoffe. Die Fermentation verleiht ihnen eine angenehme Säure.

Für 1 Bügelglas mit Gummiring à 1 Liter

ZUBEREITUNGSZEIT
ca. 30 Minuten

FERMENTIEREN
2–3 Wochen

HALTBARKEIT
mindestens 6 Monate

ZUTATEN

- 600 g grüne oder gelbe Stangenbohnen, gerüstet
- Salz
- 4 frische Bohnenkraut- oder Thymianzweige
- 1 TL schwarze Pfefferkörner oder rosa Pfefferbeeren
- 3 Knoblauchzehen, geschält, ganz
- 2 kleine Schalotten, geschält, ganz

ZUBEREITUNG

1. Die Bohnen bei Bedarf kürzen, sodass sie hochkant ins Glas passen und mindestens 5–6 cm Platz bis zum oberen Glasrand bleiben.
2. Die Bohnen 3–4 Minuten in kochendem Salzwasser blanchieren und mit kaltem Wasser abschrecken. Abtropfen und abkühlen lassen, bis sie Zimmertemperatur erreicht haben.
3. Alle Zutaten zusammen wiegen, davon 2 % berechnen und die entsprechende Menge Salz beigeben.
4. Thymian und Pfeffer zuerst ins vorbereitete Glas geben, dann die Bohnen hochkant und sehr dicht ins Glas schichten. Knoblauchzehen und Schalotten dekorativ dazwischenstecken. Oben ca. 2 cm Raum lassen. Mit kaltem Wasser auffüllen, sodass alles von Flüssigkeit bedeckt ist. Das Glas sauber mit dem Gummiring verschliessen und beschriften.
5. 2–3 Wochen bei Raumtemperatur fermentieren lassen.
6. Anschliessend kühl lagern.

SERVIERTIPPS
Eine tolle Beilage zu vielen Gerichten, aber auch nur so als Salat zu geniessen.

EINLEGEN · Ab Juli · Bis September

Eingelegte grüne Bohnen mit Dill (Dilly Beans)

Dilly Beans sind eingelegte grüne Bohnen, die mit Dill und Gewürzen versetzt sind. Vermutlich entstand diese Zubereitungsart in ländlichen Regionen der USA. Eingelegte grüne Bohnen sind eine einfache und praktische Art, das Gemüse erntefrisch zu konservieren, um es das ganze Jahr über geniessen zu können. Die Würze mit Dill verleiht den Bohnen einen unverwechselbaren Geschmack und eine angenehme Frische.

Für 1 Einmachglas à 1 Liter

ZUBEREITUNGSZEIT
ca. 30 Minuten

ZIEHEN LASSEN
2 Wochen

HALTBARKEIT
mindestens 6 Monate

ZUTATEN

500 g	grüne Bohnen, gerüstet und gewaschen
250 ml	Wasser
250 ml	Weisswein- oder Apfelessig
2	Knoblauchzehen, in Scheiben geschnitten
1 EL	Salz
1 EL	Zucker
1 TL	Senfsamen
1 TL	schwarze Pfefferkörner
1 TL	Dillspitzen

ZUBEREITUNG

1 Wasser, Essig, Knoblauch, Salz, Zucker, Senfsamen, Pfefferkörner und Dillspitzen in einem Topf zum Kochen bringen. Die Bohnen hinzufügen und alles etwa 5 Minuten lang köcheln lassen. Die Bohnen sollen zart, jedoch noch knackig sein.

2 Den Topf vom Herd nehmen und die Bohnen in der Flüssigkeit auskühlen lassen. Anschliessend in das Einmachglas füllen und den Würzsud darübergiessen, bis sie vollständig bedeckt sind. Das Glas sauber verschliessen und beschriften.

3 An einem kühlen, dunklen Ort mindestens 2 Wochen ziehen lassen. Danach sind sie genussbereit.

3 Anschliessend im Kühlschrank lagern.

SERVIERTIPPS
Dilly Beans sind in vielen Teilen der Welt als Snack oder Beilage zu verschiedenen Gerichten beliebt.

Fermentierte Äpfel

Ohne Salz entwickeln Äpfel bei der milchsauren Fermentation Essig oder Alkohol. Wer den Äpfeln etwas mehr Süsse als Säure gönnen will, fügt ein wenig Zucker oder Honig bei.

Für 1 Bügelglas mit Gummiring à 500 ml

ZUBEREITUNGSZEIT
ca. 30 Minuten

FERMENTIEREN
3–5 Tage

HALTBARKEIT
mindestens 6 Monate

ZUTATEN

- 600 ml Salzlake
- Salz
- 4 mittelgrosse Äpfel, gewaschen, entkernt und in mundgerechte Stücke geschnitten
- 1 TL Koriandersamen
- 1 TL Senfkörner
- 1 TL Fenchelsamen
- 1 TL Pfefferkörner
- 2 Knoblauchzehen, fein gehackt

ZUBEREITUNG

1. Eine 2-prozentige Salzlake herstellen: 100 ml Wasser mit 12 g Salz aufkochen. 500 ml kaltes Wasser beigeben.
2. Alle Zutaten ausser der Salzlake wiegen, von diesem Gewicht 2 % berechnen. Diese Menge Salz beigeben und alles gut durchmischen, die Apfelstücke sollen gleichmässig überzogen sein.
3. Die Apfelmischung ins vorbereitete Glas geben und so fest wie möglich hineindrücken.
4. Das Glas mit Salzlake auffüllen, bis alles mit Flüssigkeit bedeckt ist. Oben ca. 2 cm Raum lassen und das Glas sauber mit dem Gummiring verschliessen. Beschriften.
5. Bei Raumtemperatur während 3–5 Tagen fermentieren lassen. Danach sind die Äpfel genussbereit.
6. Anschliessend kühl lagern.

SERVIERTIPPS

Fermentierte Äpfel haben einen frischen, säuerlichen Geschmack, der gut zu Fleisch- und Fischgerichten passt. Salaten verleiht er eine besondere Textur und Geschmacksnote. Die Äpfel eignen sich als zuckerloser, gesunder Snack oder für einen Smoothie, zum Aufpeppen von Saucen, Dips, Marinaden und Dressings.

Fermentierte Zwetschgen

Das Fermentieren verhilft den Zwetschgen zu einem neuen Geschmackskomplex, der nur leicht salzig ist, aber auch fruchtig, süss und säuerlich. Das Fruchtfleisch behält in der Regel seine feste Konsistenz.

Für 1 Bügelglas
à 500 ml

ZUBEREITUNGSZEIT
ca. 30 Minuten

FERMENTIEREN
3–5 Tage

HALTBARKEIT
mindestens 6 Monate

ZUTATEN

- 600 ml Salzlake
- Salz
- 500 g frische Zwetschgen, gewaschen, halbiert, entsteint
- 1 TL Kreuzkümmelsamen
- 1 TL Senfkörner
- 1 TL Pfefferkörner
- 2 Knoblauchzehen, fein gehackt

ZUBEREITUNG

1. Eine 2-prozentige Salzlake herstellen: 100 ml Wasser mit 12 g Salz aufkochen. 500 ml kaltes Wasser beigeben.
2. Alle Zutaten ausser der Salzlake wiegen, von diesem Gewicht 2 % berechnen und die entsprechende Menge Salz beigeben. Alles gut vermischen, sodass alle Zwetschgenhälften gleichmässig bedeckt sind.
3. Die gesamten Zutaten ins vorbereitete Glas geben und so fest wie möglich hineindrücken. Oben ca. 2 cm Raum lassen.
4. Die Salzlake über die Früchte giessen, damit sie vollständig bedeckt sind. Das Glas sauber mit dem Gummiring verschliessen und beschriften.
5. Bei Raumtemperatur während 3–5 Tagen fermentieren lassen. Danach sind die Zwetschgen zum Verzehr bereit.
6. Anschliessend das Glas im Kühlschrank lagern.

SERVIERTIPPS

Die Zwetschgen eignen sich als Beilage zu Fleisch oder Gemüse und passen wunderbar zu Gerichten aus Hülsenfrüchten wie Linsen, Kichererbsen oder zu Couscous und Bulgur.

EINLEGEN

Kürbis-Süsskartoffel-Pickles

Süsskartoffeln haben hierzulande in den letzten Jahren stark an Popularität gewonnen. Sie enthalten reichlich gesunde Nährstoffe und im Gegensatz zu Kartoffeln kein Solanin, weshalb ihre Schale geniessbar ist. Zusammen mit den ebenfalls beliebten Kürbissen ergibt das eine interessante und farbenfrohe Kombination.

Für 1 Einmachglas à 1 Liter

ZUBEREITUNGSZEIT
ca. 30 Minuten

ZIEHEN LASSEN
1 Monat

HALTBARKEIT
mindestens 6 Monate

ZUTATEN

250 ml	Weissweinessig
500 ml	Wasser
100 g	Zucker
20 g	Salz
1	Zitrone, Saft
½	Hokkaido-Kürbis (ca. 500 g Bruttogewicht), in 2 cm kleine Würfel geschnitten
200 g	Süsskartoffeln, in 2 cm kleine Würfel geschnitten
1 TL	fein geschnittener Ingwer
1	Gewürznelke
1	Stange Zimt

ZUBEREITUNG

1 Essig und Wasser mit Zucker, Salz und Zitronensaft aufkochen. Die Kürbis- und Süsskartoffelstücke darin etwa 4 Minuten lang blanchieren.

2 Das sterilisierte Einmachglas mit Ingwer, Zimtstange und Nelke füllen, Kürbis und Süsskartoffeln dazugeben. Oben sollte noch gut 5 cm bis zum Rand frei sein. Den heissen Essigsud darübergiessen, alles muss vollständig bedeckt sein.

3 Das Einmachglas sauber verschliessen, beschriften und an einem dunklen, trockenen Ort aufbewahren.

4 Nach 1 Monat sind die Pickles genussbereit.

SERVIERTIPPS

Die Pickles passen zu orientalischen oder asiatischen Speisen; zu Hülsenfrüchten wie Bohnen, Linsen oder Kichererbsen; zu Fondue und Raclette.

EINLEGEN

Rosenkohl in Weissweinessig

Rosenkohl-Pickles sind eine originelle und kreative Art, den einzigartigen Geschmack dieses Wintergemüses zu konservieren. Mit ihrem scharfen, sauren Aroma passen sie gut zu würzigen Gerichten. Sie enthalten eine Menge gesunder Nähr- und Ballaststoffe.

Für ca. 3 Einmachgläser à 275 ml

ZUBEREITUNGSZEIT
ca. 30 Minuten

ZIEHEN LASSEN
1–2 Tage

HALTBARKEIT
mindestens 6 Monate

ZUTATEN

500 g	Rosenkohl
240 ml	Wasser
160 ml	Weissweinessig
35 g	Zucker
15 g	Salz
½ TL	schwarze Pfefferkörner
½ TL	Senfsamen

ZUBEREITUNG

1 Rosenkohl gründlich waschen, äussere Blätter und Stielansatz entfernen. Die Röschen in der Mitte durchschneiden, sie sollten ungefähr gleich gross sein.

2 Die übrigen Zutaten zusammen aufkochen, etwa 5 Minuten köcheln lassen, bis sich Zucker und Salz aufgelöst haben. Anschliessend die halbierten Röschen in den Sud geben und etwa 3 Minuten mitköcheln. Sie sollen nur leicht gegart und noch bissfest sein.

3 Den Sud mit dem Rosenkohl abkühlen lassen, dann die Röschen herausheben und in die sterilisierten Einmachgläser verteilen. Vollständig mit dem Sud bedecken.

4 Die Gläser sauber verschliessen und beschriften.

5 Im Kühlschrank mindestens 24 Stunden lagern, danach sollten sich die Aromen entfaltet haben und der Rosenkohl genussbereit sein.

6 Anschliessend kühl lagern.

SERVIERTIPPS

Der Rosenkohl ist pur ein Genuss, passt aber auch als sommerliche Beilage zu allen möglichen Speisen. Im Herbst lässt er sich aufgewärmt zu Klassikern wie Wildgerichten geniessen.

Dieses Buch versammelt wertvolles
Wissen rund um Fermentation und Einlegen
und trägt dazu bei, das Gemüse aufs
verdiente Podest zu heben.